PESIQTA RABBATI

*A Synoptic Edition of Pesiqta Rabbati
Based Upon All Extant Manuscripts
and the Editio Princeps*

Volume III

Edited by
Rivka Ulmer

Studies in Judaism

University Press of America,® Inc.
Lanham · Boulder · New York · Toronto · Plymouth, UK

Copyright © 2009 by
University Press of America,® Inc.
4501 Forbes Boulevard
Suite 200
Lanham, Maryland 20706
UPA Acquisitions Department (301) 459-3366

Estover Road
Plymouth PL6 7PY
United Kingdom

Library of Congress Control Number: 2008933951
ISBN-13: 978-0-7618-4334-4 (paperback : alk. paper)
ISBN-10: 0-7618-4334-5 (paperback : alk. paper)
eISBN-13: 978-0-7618-4336-8
eISBN-10: 0-7618-4336-1

Studies in Judaism

EDITOR

Jacob Neusner
Bard College

EDITORIAL BOARD

Alan J. Avery-Peck
College of the Holy Cross

Herbert Basser
Queens University

Bruce D. Chilton
Bard College

José Faur
Bar Ilan University

William Scott Green
University of Rochester

Mayer Gruber
Ben-Gurion University of the Negev

Günter Stemberger
University of Vienna

James F. Strange
University of South Florida

Introduction

Table of Contents - Volume III

Acknowledgements	vii
Introduction	viii
Sigla and Text Signals	ix
Additions to the Bibliography	x
Additions: Textwitnesses	xiii
Pesiqta Rabbati 53	1114
Supplement 1 (MS Cambridge TS Misc. 36.124)	1116
Supplement 2 (MS Budapest Kaufmann 157)	1119
Supplement 3: Pesiqta Rabbati 1 (Vienna Fragment, Benedictini)	1121
Supplement 4 (MS Budapest Rabbinical Seminary 221)	1125
Index	
Scriptural Passages	1128
Geographical Terms, Place Names, and Nations	1196
Greek and Latin Expressions	1202
Subjects	1212
Exegetical Terms	1238
Personal Names, Names of Biblical Figures, Angels and Historical Figures	1251
Rabbinic Authorities	1263
Meshalim and Ma'asim	1279
Emendations	1284

Introduction

Acknowledgements:

In order to prepare the synoptic edition of Pesiqta Rabbati based upon all extant manuscripts and the *editio princeps* the following libraries have given their permission to the editor to utilize and/or publish their manuscripts:

Manuscripts of the Jewish Theological Seminary, New York:
JTS MS 8195 and JTS 8452 "Courtesy of the Library of the Jewish Theological Seminary of America ברשות ספרית בית המדרש לרבנים באמריקה – ניו יורק."

Vienna Fragments:
Benedictini, Schottenstift, Wien
Nationalbibliothek, Wien, MS 5390, 5389, 4170, 3680 and 180: "Wien, Österreichische Nationalbibliothek, Cod. hebr. 180" and "Wien, Österreichische Nationalbibliothek, Cod. 4170 (Fragment A 50 bzw. Fragment B 40)."

Genizah Fragments (Cambridge):
T-S NS 329.609 and T-S Misc. 36.124. In gratitude to the Syndics of Cambridge, Cambridge University Library, Taylor-Schechter Genizah Research Unit, for the permission to publish these Genizah fragments.

Genizah Fragments (Budapest):
Kaufmann Collection, Hungarian Academy of Sciences.

MS 221, Budapest:
Rabbinical Seminary, Budapest (Institute of Microfilmed Hebrew Manuscripts, Jewish National and University Library, Jerusalem).

Shneerson Collection, MS 214
The Administration of the Manuscript Department of the Russian State Library, Moscow.

Parma Manuscript:
Biblioteca Palatina, Parma
Parma manuscript 3122 (de Rossi 1240)

Casanata Manuscript:
Biblioteca Casanatense, Rome:
Casanata manuscript 3324

Dropsie Manuscript 26
The Library of the Center for Judaic Studies, University of Pennsylvania (formerly Dropsie College)

Introduction

Introduction:

Volume III of the Synoptic Edition of Pesiqta Rabbati

Volume III of the Synoptic Edition of Pesiqta Rabbati contains an index, chapter 53 of Pesiqta Rabbati, supplemental manuscript material and some *addenda et corrigenda*.

I wish to thank Professor Jacob Neusner (Research Professor of Religion and Theology, Senior Fellow, Institute of Advanced Theology, Bard College) for making possible the publication of a synoptic edition of Pesiqta Rabbati. I am grateful to Professor David Stern who appointed me as a Visiting Scholar in the Program for Jewish Studies at the University of Pennsylvania.

Philadelphia 2001-5761

Rivka Ulmer

Introduction

Sigla

Parma	=	MS Parma 3122
Casanata	=	MS Casanata 3324
ed. pr.	=	*editio princeps*
Vienna	=	Fragments from Vienna
JTS 8195	=	MS Jewish Theological Seminary 8195
JTS App.	=	MS Jewish Theological Seminary 8452
Budapest	=	Genizah fragments, Kaufmann Collection
Cambridge	=	Genizah fragments, Taylor-Schechter Collection
Dropsie	=	MS Dropsie 26
Maḥzor Vitry	=	Maḥzor Vitry

Text-Signals

[] Scriptural references added by the editor
{} text canceled by the scribe or anticipatory line-filler
() marginalia or emendations by the scribe
- spatial arrangement by the scribe
. space where a letter has been lost
: punctuation in the text-witness usually designating the end of a paragraph
// end of folio, column or page
~ line filler
? questionable letter

Introduction

Additions to the Bibliography:

ad PesR *editio princeps*:

British Museum
(Few MS. notes by W. Heidenheim) *Catalogue of the Hebrew Books in the Library of The British Museum*, London 1867.

ad MS Dropsie:

Cuomo, Luisa, "Pesicheta rabatti; une traduction en judéo-italien," in *Massorot. Studies in Language Traditions and Jewish Languages* 2 (1986) pp. 81-92.

ad MS JTS 8195:

Rivka Ulmer, "Further Manuscript Evidence of Pesiqta Rabbati: A Description of MS JTS 8195 (and MS Moscow 214)." *Journal of Jewish Studies* (2001) forthcoming.

ad MS Parma:

Zunz, Leopold, "Mitteilungen aus hebräischen Handschriften," *Zeitschrift für hebräische Bibliographie* XIX, Frankfurt am Main, 1919, pp. 49-64, 123-142. Zunz describes MS Parma 1240 (including Pesiqta Rabbati); Zunz visited Parma in 1863.

Catalogue of the Hebrew Manuscripts in the Biblioteca Palatina Parma. Jerusalem [forthcoming], under the editorship of Benjamin Richler and Malachi Beit-Arié.

ad Genizah:

Löwinger/Scheiber/Hahn
Report on the Hebrew MSS in Hungary with special regard to the Fragments of the Cairo Genizah, Budapest, Presented to the XXst International Congress of Orientalists, Paris 1948
p. IX "The Kaufmann Genizah ..."
p. X Ginze Kaufmann (publication of the whole material)
topical groups: 4. Midrash, "E.g. a fragment from the early version of the Pesiqta Rabbati." (A 2523 in: Rabbinical Seminary, Central Archive and Jewish Library)

Brody, Robert and E. J. Wiesenberg (eds.), *A Hand-List of Rabbinic Manuscripts in the Cambridge Genizah Collections. Vol. 1: Taylor-Schechter New Series.* New York: Cambridge University Press, 1998.
p. 268 [4854]:

"T-S NS 329.609
Midrash; Pesiqta Rabbati 23:6

Introduction

Hebrew + (Aramaic); vellum 1 leaf; 7 (torn) xii; damaged"

ad PesR 29/30 § 31:

Güdemann, M., "Josephus und die große Peßikta." *Monatsschrift für Geschichte und Wissenschaft des Judentums* 29 (1880) pp. 132-135.

ad PesR 44:

ד' ש' לאווינגר, כתבי יד שבספרית בית המדרש לרבנים בבודפשט. Budapest, 1940, p. 21:

1) פסיקתא רבתי פרשת תשובה תחלתו (דף 80 ע"א) 'ואמ' קחו עמכם דברים וגו' הוא הפה שאמר כפרה סודרה סדר ישר' וחזר ואמ' ונשלמה פרים שפתינו ...' סופו (דף 82 ע"ב) '... תשוב תרחמנו תכבוש עונותנו ותשליך במצולות ים כל חטאינו. סליק פר' תשובה."[1]

ad Greek and Latin in PesR:

S. Back, "Recensionen." *Monatsschrift für Geschichte und Wissenschaft des Judentums* 30: 331-332.

ad Braude, William:

The American Jewish Archives (Hebrew Union College-Jewish Institute of Religion, Cincinnati) acquired Braude's notes.

ad Introduction, n. 50; PesR 21 § 24 $\mu\alpha\ddot{\iota}o\upsilon\mu\tilde{\alpha}\varsigma$:

Encyclopaedia Judaica, Jerusalem: Keter, 1972, 11:793, *s.v.* Maiumas.

ad Introduction:

Tabory, Joseph, מועדי ישראל בתקופת המשנה והתלמוד. Jerusalem: Magnes, 1995.

Sperber, Daniel, *s.v.* Pesikta Rabbati, *Encyclopaedia Judaica. CD-ROM Edition.* Judaica Multimedia (Israel) Ltd.

ליברמן, שאול, שקיעין. דברים אחדים על אגדות, מנהגים ומקורות ספרותיים של היהודים שנשתקעו בספרי הקראים והנוצרים (בצירוף מפתח לספרי היהודים המובאים בספר פגיון ב"ר דר' משה). Jerusalem: Wahrmann, 1972, p. 86 (*s.v.* האמונה של ריימונד מרטיני (הדרשן).

---

[1] The microfilm of MS 221 (Eleazar of Worms items) does not contain the Pesiqta Rabbati text seen by Löwinger.

Introduction

ad homily:

D. Lenhard, *Die rabbinische Homilie: Ein formanalytischer Index*. Frankfurt am Main: Im Selbstverlag der Gesellschaft zur Förderung judaistischer Studien, 1998 (Frankfurter Judaistische Studien 10) [Diss.]

ad Pesiqta Rabbati:

R. Ulmer, "The Halakhic Part of the Yelammedenu in Pesiqta Rabbati." *Approaches to Ancient Judaism, New Series* 14 (1998) pp. 59-80.

-, "Some Redactional Problems in Pesiqta Rabbati." *Annual of Rabbinic Judaism* 1 (1998) pp. 71-82.

קשת, ליאת, פסיקתא רבתי. עדי נוסח ומהדורה של פיס׳ שובה. [M.A. thesis, The Hebrew University, Jerusalem, 1993].

אליצור, בנימין, פסיקתא רבתי -- פרקי מבוא. [Diss., The Hebrew University, Jerusalem, in progress].

Introduction

Textwitnesses

The table set forth below identifies the various homilies in each manuscript and the *editio princeps* (= ed. pr.). The table is organized into eight separate columns. The first column gives the title of the homily, usually the initial words of a passage from the Bible, and the number allocated to it in the Friedmann edition of Pesiqta Rabbati. The adjacent columns list the manuscripts in the following order: the Parma MS 3122, the Casanata MS 3324, the Dropsie MS 26, the fragments (the Vienna fragments, the Genizah fragments from Budapest and Cambridge, and MS Jewish Theological Seminary 8452, abbreviated as: JTS App.), the MS JTS 8195, the MS Moscow 214. In the following table the symbol "X" indicates that the particular homily is found in the applicable manuscript and the symbol "-" indicates that the particular homily is missing in the respective text-witness.

Introduction

Title	Parma	Casanata	Dropsie	Fragments	JTS	Moscow	ed. pr.
1 והיה מדי חדש	X	-	-	X (Vienna)	X	X	X
2 מזמור שיר חנוכת הבית	X	-	-	-	X	X	X
3 ביום השמיני	X	-	-	-	X	X	X
4 ויקח אליהו	X	-	-	-	X	X	X
5 ויהי ביום כלות משה	X	-	-	X (Vienna)	X	X	X
6 ותשלם כל המלאכה	X	-	-	-	X	X	X
7 ויהי המקריב	X	-	-	X (Vienna)	X	X	X
8 והיה בעת ההיא	X	-	-	X (Vienna)	X	X	X
9 למנצח על הנגינות	X	-	-	-	X	X	X
10 כי תשא	X	-	-	-	X	X	X

Introduction

Title	Parma	Casanata	Dropsie	Fragments	JTS	Moscow	ed. pr.
11 יהודה וישראל	X	-	-	-	X	X	X
12 זכור	X	-	-	-	X	X	X
13 מני אפרים	X	-	-	-	X	X	X
14 פרה	X	X	X	-	X	X	X
15 החדש	X	X	X	X (JTS App.)	X	-	X
16 קרבני לחמי	X	X	X	-	X	-	X
17 ויהי בחצי הלילה	X	X	X	-	X	X	X
18 העומר	X	X	X	-	X	-	X
19 ויהי בשלח	X	X	X	-	X	X	X
20 מתן תורה	X	X	X	-	X	-	X
21 י' הדברות 1	X	X	X	X (Vienna, Budapest)	X	-	X
22 י' הדברות 2	X	X	X	X (Vienna, Budapest)	X	-	X

Introduction

Title	Parma	Casanata	Dropsie	Fragments	JTS	Moscow	ed. pr.
23 י׳ הדברות 3	X	X	X	X (Cambridge)	X	-	X
23/24 י׳ הדברות 5/4	X	X	X	-	X	-	X
24 עשר דברים 10/9/8/7/6	X	X	X	-	X	-	X
25 עשר תעשר	X	X	X	-	X	X	X
26 ויהי בעת שסרחה	X	-	-	-	X	X	X
27 שמעו	X	-	-	X (Vienna)	X	-	X
27/28 וימלך	X	-	-	X (Vienna)	X	-	X
28 על נהרות בבל	X	-	-	X (Vienna)	X	-	X
29 בכה תבכה / 29/30 איכה	-	-	-	-	X	X	X

Introduction

Title	Parma	Casanata	Dropsie	Fragments	JTS	Moscow	ed. pr.
29/30/30 נחמו	X	-	-	X (JTS App.)	-	-	-
30 נחמו	X	-	-	-	X	-	X
31 ותאמר ציון	X	-	-	(Vienna)	X	X	X
32 עניה סוערה	X	-	-	X (Vienna)	X	-	X
33 אנכי	X	-	-	-	X	X	X
34 גילי מאד		X	-	-	-	X	-	X
35 רני ושמחי	X	-	-	-	X	-	X
36 קומי אורי	X	-	-	-	X	-	X
37 שוש אשיש	X	-	-	-	X	-	X
38 (מדרש) הרנינו	X	-	-	-	X	-	X
39 הרנינו לאלוהים	X	X	X	-	X	X	X
40 בחודש השביעי	X	X	X	-	X	X	X
41 תקעו	X	X	X	-	X	X	X

Introduction

Title	Parma	Casanata	Dropsie	Fragments	JTS	Moscow	ed. pr.
42 וה' פקד את שרה	X	X*	X	-	X	X	X
43 כי פקד ה' את חנה	X	-*	X	-	X	X	X
44 שובה ישראל	X	-*	X	X (Vienna) (Vienna)	X	X	X
45 אשרי נשוי	X	-*	X	-	X	X	X
46 מנה אחת	-	-	-	-	X	-	X
47 אחרי מות	X	-*	X	-	X	X	X
הוספה א שור או כשב [48]	X	-	-	X (JTS App.)	-	X	-
הוספה ב ויהי בחצי הלילה [49]	X	-	-	X (JTS App.)	-	-	-
הוספה ג שובה [50]	X	-*	X	X (JTS App.)	-	-	-

Introduction

Title	Parma	Casanata	Dropsie	Fragments	JTS	Moscow	ed. pr.
ולקחתם [51]	X	-*	X	-	-	-	-
הוספה, ד ביום השמיני עצרת [52]	X	-*	X	X (JTS App.)	-	-	-
הוספה ב׳ ויהי ערב [53]	[PesR 20][1]	-	-	-	-	-	-

---

[1] Bereshit Rabbati.

STUDIES IN JUDAISM
TITLES IN THE SERIES
PUBLISHED BY UNIVERSITY PRESS OF AMERICA

Judith Z. Abrams
The Babylonian Talmud: A Topical Guide, 2002.

Roger David Aus
The Death, Burial, and Resurrection of Jesus, and the Death, Burial, and Translation of Moses in Judaic Tradition, 2008.

Matthew 1-2 and the Virginal Conception: In Light of Palestinian and Hellenistic Judaic Traditions on the Birth of Israel's First Redeemer, Moses, 2004.

My Name Is "Legion": Palestinian Judaic Traditions in Mark 5:1-20 and Other Gospel Texts, 2003.

Alan L. Berger, Harry James Cargas, and Susan E. Nowak
The Continuing Agony: From the Carmelite Convent to the Crosses at Auschwitz, 2004.

S. Daniel Breslauer
Creating a Judaism without Religion: A Postmodern Jewish Possibility, 2001.

Bruce Chilton
Targumic Approaches to the Gospels: Essays in the Mutual Definition of Judaism and Christianity, 1986.

David Ellenson
Tradition in Transition: Orthodoxy, Halakhah, and the Boundaries of Modern Jewish Identity, 1989.

Roberta Rosenberg Farber and Simcha Fishbane
Jewish Studies in Violence: A Collection of Essays, 2007.

Paul V. M. Flesher
New Perspectives on Ancient Judaism, Volume 5: Society and Literature in Analysis, 1990.

Marvin Fox
Collected Essays on Philosophy and on Judaism, Volume One: Greek Philosophy, Maimonides, 2003.

Collected Essays on Philosophy and on Judaism, Volume Two: Some Philosophers, 2003.

Collected Essays on Philosophy and on Judaism, Volume Three: Ethics, Reflections, 2003.

Zev Garber
Methodology in the Academic Teaching of Judaism, 1986.

Zev Garber, Alan L. Berger, and Richard Libowitz
Methodology in the Academic Teaching of the Holocaust ,1988.

Abraham Gross
Spirituality and Law: Courting Martyrdom in Christianity and Judaism, 2005.

Harold S. Himmelfarb and Sergio DellaPergola
Jewish Education Worldwide: Cross-Cultural Perspectives, 1989.

Raphael Jospe
Jewish Philosophy: Foundations and Extensions (Volume One: General Questions and Considerations), 2008.

Jewish Philosophy: Foundations and Extensions (Volume Two: On Philosophers and Their Thought), 2008.

William Kluback
The Idea of Humanity: Hermann Cohen's Legacy to Philosophy and Theology, 1987.

Samuel Morell
Studies in the Judicial Methodology of Rabbi David ibn Abi Zimra, 2004.

Jacob Neusner
Amos in Talmud and Midrash, 2006.

Analytical Templates of the Yerushalmi, 2008.

Ancient Israel, Judaism, and Christianity in Contemporary Perspective, 2006.

The Aggadic Role in Halakhic Discourses: Volume I, 2001.

The Aggadic Role in Halakhic Discourses: Volume II, 2001.

The Aggadic Role in Halakhic Discourses: Volume III, 2001.

Analysis and Argumentation in Rabbinic Judaism, 2003.

Analytical Templates of the Bavli, 2006.

Ancient Judaism and Modern Category-Formation: "Judaism," "Midrash," "Messianism," and Canon in the Past Quarter Century, 1986.

Bologna Addresses and Other Recent Papers, 2007.

Building Blocks of Rabbinic Tradition: The Documentary Approach to the Study of Formative Judaism, 2007.

Canon and Connection: Intertextuality in Judaism, 1987.

Chapters in the Formative History of Judaism, 2006.

Dual Discourse, Single Judaism, 2001.

The Emergence of Judaism: Jewish Religion in Response to the Critical Issues of the First Six Centuries, 2000.

Ezekiel in Talmud and Midrash, 2007.

First Principles of Systemic Analysis: The Case of Judaism within the History of Religion, 1988.

Habakkuk, Jonah, Nahum, and Obadiah in Talmud and Midrash: A Source Book, 2007.

The Halakhah and the Aggadah, 2001.

Halakhic Hermeneutics, 2003.

Halakhic Theology: A Sourcebook, 2006.

The Hermeneutics of Rabbinic Category Formations, 2001.

Hosea in Talmud and Midrash, 2006.

How Important Was the Destruction of the Second Temple in the Formation of Rabbinic Judaism? 2006.

How Not to Study Judaism, Examples and Counter-Examples, Volume One: Parables, Rabbinic Narratives, Rabbis' Biographies, Rabbis' Disputes, 2004.

How Not to Study Judaism, Examples and Counter-Examples, Volume Two: Ethnicity and Identity Versus Culture and Religion, How Not to Write a Book on Judaism, Point and Counterpoint, 2004.

How the Halakhah Unfolds: Moed Qatan in the Mishnah, Tosefta, Yerushalmi, and Bavli, 2006.

How the Halakhah Unfolds, Volume II, Part A: Nazir in the Mishnah, Tosefta, Yerushalmi, and Bavli, 2007.

How the Halakhah Unfolds, Volume II, Part B: Nazir in the Mishnah, Tosefta, Yerushalmi, and Bavli, 2007.

How the Halakhah Unfolds, Volume III, Part A: Abodah Zarah in the Mishnah, Tosefta, Yerushalmi, and Bavli, 2007.

How the Halakhah Unfolds, Volume III, Part B: Abodah Zarah in the Mishnah, Tosefta, Yerushalmi, and Bavli, 2007.

The Implicit Norms of Rabbinic Judaism, 2006.

Intellectual Templates of the Law of Judaism, 2006.

Isaiah in Talmud and Midrash: A Source Book, Part A, 2007.

Isaiah in Talmud and Midrash: A Source Book, Part B, 2007.

Is Scripture the Origin of the Halakhah? 2005

Israel and Iran in Talmudic Times: A Political History, 1986.

Israel's Politics in Sasanian Iran: Self-Government in Talmudic Times, 1986.

Jeremiah in Talmud and Midrash: A Source Book, 2006.

Judaism in Monologue and Dialogue, 2005.

Major Trends in Formative Judaism, Fourth Series, 2002.

Major Trends in Formative Judaism, Fifth Series, 2002.

Messiah in Context: Israel's History and Destiny in Formative Judaism, 1988.

Micah and Joel in Talmud and Midrash, 2006.

The Native Category – Formations of the Aggadah: The Later Midrash-Compilations – Volume I, 2000.

The Native Category – Formations of the Aggadah: The Earlier Midrash-Compilations – Volume II, 2000.

Paradigms in Passage: Patterns of Change in the Contemporary Study of Judaism, 1988.

Parsing the Torah, 2005.

Persia and Rome in Classical Judaism, 2008

Praxis and Parable: The Divergent Discourses of Rabbinic Judaism, 2006.

Rabbi Jeremiah, 2006.

Rabbinic Theology and Israelite Prophecy: Primacy of the Torah, Narrative of the World to Come, Doctrine of Repentance and Atonement, and the Systematization of Theology in the Rabbis' Reading of the Prophets, 2007.

The Rabbinic Utopia, 2007.

The Rabbis, the Law, and the Prophets. 2007.

Reading Scripture with the Rabbis: The Five Books of Moses, 2006.

The Religious Study of Judaism: Description, Analysis, Interpretation, Volume 1, 1986.

The Religious Study of Judaism: Description, Analysis, Interpretation, Volume 2, 1986.

The Religious Study of Judaism: Context, Text, Circumstance, Volume 3, 1987.

The Religious Study of Judaism: Description, Analysis, Interpretation, Volume 4, 1988.

Struggle for the Jewish Mind: Debates and Disputes on Judaism Then and Now, 1988.

The Talmud Law, Theology, Narrative: A Sourcebook, 2005.

Talmud Torah: Ways to God's Presence through Learning: An Exercise in Practical Theology, 2002.

Texts Without Boundaries: Protocols of Non-Documentary Writing in the Rabbinic Canon: Volume I: The Mishnah, Tractate Abot, and the Tosefta, 2002.

Texts Without Boundaries: Protocols of Non-Documentary Writing in the Rabbinic Canon: Volume II: Sifra and Sifre to Numbers, 2002.

Texts Without Boundaries: Protocols of Non-Documentary Writing in the Rabbinic Canon: Volume III: Sifre to Deuteronomy and Mekhilta Attributed to Rabbi Ishmael, 2002.

Texts Without Boundaries: Protocols of Non-Documentary Writing in the Rabbinic Canon: Volume IV: Leviticus Rabbah, 2002.

A Theological Commentary to the Midrash – Volume I: Pesiqta deRab Kahana, 2001.

A Theological Commentary to the Midrash – Volume II: Genesis Raba, 2001.

A Theological Commentary to the Midrash – Volume III: Song of Songs Rabbah, 2001.

A Theological Commentary to the Midrash – Volume IV: Leviticus Rabbah, 2001.

A Theological Commentary to the Midrash – Volume V: Lamentations Rabbati, 2001.

A Theological Commentary to the Midrash – Volume VI: Ruth Rabbah and Esther Rabbah, 2001.

A Theological Commentary to the Midrash – Volume VII: Sifra, 2001.

A Theological Commentary to the Midrash – Volume VIII: Sifre to Numbers and Sifre to Deuteronomy, 2001.

A Theological Commentary to the Midrash – Volume IX: Mekhilta Attributed to Rabbi Ishmael, 2001.

Theological Dictionary of Rabbinic Judaism: Part One: Principal Theological Categories, 2005.

Theological Dictionary of Rabbinic Judaism: Part Two: Making Connections and Building Constructions, 2005.

Theological Dictionary of Rabbinic Judaism: Part Three: Models of Analysis, Explanation, and Anticipation, 2005.

The Theological Foundations of Rabbinic Midrash, 2006.

Theology of Normative Judaism: A Source Book, 2005.

Theology in Action: How the Rabbis of the Talmud Present Theology (Aggadah) in the Medium of the Law (Halakhah). An Anthology, 2006.

The Torah and the Halakhah: The Four Relationships, 2003.

The Treasury of Judaism: A New Collection and Translation of Essential Texts (Volume One: The Calendar), 2008.

The Treasury of Judaism: A New Collection and Translation of Essential Texts (Volume Two: The Life Cycle), 2008.

The Treasury of Judaism: A New Collection and Translation of Essential Texts (Volume Three: Theology), 2008.

The Unity of Rabbinic Discourse: Volume I: Aggadah in the Halakhah, 2001.

The Unity of Rabbinic Discourse: Volume II: Halakhah in the Aggadah, 2001.

The Unity of Rabbinic Discourse: Volume III: Halakhah and Aggadah in Concert, *2001.*

The Vitality of Rabbinic Imagination: The Mishnah Against the Bible and Qumran, *2005.*

Who, Where and What is "Israel?": Zionist Perspectives on Israeli and American Judaism, 1989.

The Wonder-Working Lawyers of Talmudic Babylonia: The Theory and Practice of Judaism in its Formative Age, *1987.*

Zephaniah, Haggai, Zechariah, and Malachi in Talmud and Midrash: A Source Book, 2007.

Jacob Neusner and Renest S. Frerichs
New Perspectives on Ancient Judaism, Volume 2: Judaic and Christian Interpretation of Texts: Contents and Contexts, 1987.

New Perspectives on Ancient Judaism, Volume 3: Judaic and Christian Interpretation of Texts: Contents and Contexts, 1987

Jacob Neusner and James F. Strange
Religious Texts and Material Contexts, 2001.

David Novak and Norbert M. Samuelson
Creation and the End of Days: Judaism and Scientific Cosmology, 1986.

Proceedings of the Academy for Jewish Philosophy, 1990.

Risto Nurmela
The Mouth of the Lord Has Spoken: Inner-Biblical Allusions in Second and Third Isaiah, 2006.

Aaron D. Panken
The Rhetoric of Innovation: Self-Conscious Legal Change in Rabbinic Literature, 2005.

Norbert M. Samuelson
Studies in Jewish Philosophy: Collected Essays of the Academy for Jewish Philosophy, 1980-1985, *1987.*

Benjamin Edidin Scolnic
Alcimus, Enemy of the Maccabees, 2004.

If the Egyptians Drowned in the Red Sea, Where Are the Pharoah's Chariots?: Exploring the Historical Dimension of the Bible, 2005.

Thy Brother's Blood: The Maccabees and Dynastic Morality in the Hellenistic World, 2008.

Rivka Ulmer
Pesiqta Rabbati: A Synoptic Edition of Pesiqta Rabbati Based Upon All Extant Manuscripts and the Editio Preceps, Volume I, 2009.

Pesiqta Rabbati: A Synoptic Edition of Pesiqta Rabbati Based Upon All Extant Manuscripts and the Editio Preceps, Volume II, 2009.

Pesiqta Rabbati: A Synoptic Edition of Pesiqta Rabbati Based Upon All Extant Manuscripts and the Editio Preceps, Volume III, 2009.

Manfred Vogel
A Quest for a Theology of Judaism: The Divine, the Human and the Ethical Dimensions in the Structure-of-Faith of Judaism Essays in Constructive Theology, 1987.

Anita Weiner
Renewal: Reconnecting Soviet Jewry to the Soviet People: A Decade of American Jewish Joint Distribution Committee (AJJDC) Activities in the Former Soviet Union 1988-1998, 2003.

Eugene Weiner and Anita Weiner
Israel-A Precarious Sanctuary: War, Death and the Jewish People, 1989.

The Martyr's Conviction: A Sociological Analysis, 2002.

Leslie S. Wilson
The Serpent Symbol in the Ancient Near East: Nahash and Asherah: Death, Life, and Healing, 2001.

פסיקתא רבתי

סינופסיס לפסיקתא רבתי
י״ל ע״פ כ״י ודפוס ראשון עם מבוא
ע״י
רבקה אולמר

כרך ג'

ויהי ערב ויהי בוקר

| PesR 20 § 5 | § 1 |

| Parma 170a-b | [Bereshit Rabbati] |

§ 1 — [Bereshit Rabbati]

ויהי ערב ויהי בקר יום אחד [בראשית א ה]
אלו אלף שנים שהם יום אחד של הק' שנאמר
כי אלף שנים בעיניך וגו' [תהלים צ ד] שהיו
הרשעים שהם ערב והצדיקים שהם בקר בלא
מתן תורה, בשעה שברא הק' את העולם אמר
לשרו של חשך סור מלפני שאני מבקש
לבראות אור ומזלותיו באותה שעה אמר שרו
של חשך בדעתו אם אני מאיר את חשכי ומאזין
לו כבר הייתי עבד לעולם מוטב אשים את
עצמי כלא שומע ואהיה שוגג ולא מזיד מיד
גער בו הק' וכל השרים החולקים בו וחלק
עליהם חשך סכות לכך נאמר סביבותיו סכתו
חשכת מים [שמואל ב כב יב; תהלים יח יב]
שהיו כולם במקום אחד גער בהם הק' נתפזרו
כולם טפה טפה כיון שראה שרו של חשך
שגער בו הק' התחיל אומר לפניו ר'ב'ש'ע'
מפני מה, אתה רוצה לבראות אור מלפני א"ל
הק' אם לא תסור מלפני אני גוער בך ומאבדך
מן העולם אמר לפניו אחר האור מה אתה בורא
א"ל אותך ואחרי מה אתה בורא

Parma 170a-b (מקביל ל-§ 1)

מפני הק' ברא את עולמו בניסן ולא בראו
באייר לפי שבשעה שברא הק' את עולמו אמ'
לשר החשך' סור מפני שאני מבקש לבראות את
העולם באורה ושרו של חושך דומה לשר
באותה שעה אמ' שר של חשך לפני הק' רבון
העולם' מה אתה מבקש ליבראות לפני אמ' לו
הק' סר מלפני אם את אין סר מלפני אני גוער
בך שאני מבקש לבראות עולמי באורה ואחר
האור מה את בורא אמ' לו חשך ואחר החשך
מה את בורא

§ 2 — [Bereshit Rabbati]

אמר לו מזל תאומים אמר לפניו מפני מה מזל
תאומים מפני שתאומים הוא אדם ואדם שאני
עתיד לבראות עתיד להתנהג באור ובחשך אמר
לפניו ר'ש'ע' מזל של אור מה שמו טלה ומזלי
מה שמו א"ל שור ולמה א"ל דרכן של טלאים
לבנים ודרכן של שורים שחורים ועוד טלה
אלו ישר' שֶׁנֶּ שה פזורה ישר' [ירמיה נ יז] והם
עתידים ללמוד התורה שהיא אור ועתידין
לראות אור בעבורה שנ' כי עמך מקור חיים
באורך נראה אור [תהלים לו י] ומתי ישתמשו
באותו אור כשיבא אותו שנקרא שור דכת'
בכור שורו הדר לו [דברים לג יז] ואותה שעה
יהיה חשך לאומות העולם שנ' כי הנה החשך
וגו' ועליך יזרח וגו' [ישעיה ס ב] חזר שרו של
חשך ואמ' לפניו אחר מזל תאומים מה אתה
בורא א"ל סרטן ומפני מה א"ל מפני שעתיד
אדם לקמץ מן החורין ומן הסדקין כסרטן
ואחריו מה אתה בורא א"ל מזל אריה מפני
שאדם זה אחר שהוא מקמץ מן החורין והסדקין
מתעשר ומתגבר כאריה

Parma 170a-b (מקביל ל-§ 2)

אמ' לו תומים ומפני את בורא תומים שעתיד
לראות אדם באור ובחשך מפני שמזל תאומים
אדם ואחריו מה אתה בורא סרטן מפני //
שאדם מקמיץ מן החורין ומה הסרקין ומתגבר
כארי

ויהי ערב ויהי בוקר

PesR 53

| PesR 20 § 6 | § 3 |
| Parma 170b | [Bereshit Rabbati] |

(טור ימין, § 3)

ואחריו מה אתה בורא א״ל מזל בתולה מפני
שאחר שמן מתעשר ומתגבר כארי עתיד
להיות שמן כבתולה ואחריו מה אתה בורא א״ל
מזל מאזנים מפני שכיון שאדם שמן כבתולה
שוקלים אותו במאזנים ואחריו מה אתה בורא
א״ל מזל עקרב מפני שכיון ששוקלים אותו
במאזנים וימצאו בו עונות מורידין אותו
לגיהנם ודנים אותו במקום שיש נחשים
ועקרבים ואחריו מה אתה בורא א״ל קשת
מפני שכיון שירד לגיהנם וסובל דינו מכפרין
לו כל עונותיו וזורקין אותו מגיהנם כחץ מן
הקשת ואחריו מה בורא א״ל מזל גדי מפני
שכיון שעלה מגיהינם מרקד כגדי ואחריו מה
אתה בורא א״ל מזל דלי מפני שאחד שמכפרים
עונותיו אני זורק עליו מים טהורים ויטהר
ואחריו מה אתה בורא א״ל מזל דגים מפני
שכיון שנטהר יורש העוה״ב שאין העין שולט
בו כדגים אין מזל יום גורם אלא מזל שעה
גורם

(טור שמאל, PesR 20 § 6)

ואחרי מה את בורא בתולה שעומד אדם לשמח
בבתולה ואחריו מה אתה בורא מאזנים כיון
שמין ודשין שוקלין במאזנים ואחריו מה בורא
עקרב כיון ~ ששוקלין אותו ויש בו עוונות
מורידין אותו לגיהנם ואחריו מה את בורא
הקשת שמא תאמר כיון שירד לגהינם אין לו
תעלה כיון שמבקשין עליו רחמים זורקין אותו
מגהינם כחץ מן הקשת ואחריו מה את בורא
גדי שמא תאמר שעלה מן גיהנם פניו משחרים
הוא מדקר ועולה כגדי ואחר מה אתה בורא
דלי שא׳ ישם בו עוונות אנו זורקין עליו מים
טהורים ויטהר ואחריו מה אתה בורא דג שכיון
שישר׳ יורשין את העולם אין כל עין שולטת
בהן לא מזל גורם אלא שעה גורמת

| 20 § 7 | § 4 |
| Parma 170b | [Bereshit Rabbati] |

(טור ימין, § 4)

ומפני מה לא נבראת חמה תחלה שכל העולם
כולו בזיו נבראו ואחריו כוכב נוגה לפני
שצפה וראה שדור המבול עתיד להכעיס לפניו
והבדילן זה לעצמו וזה לעצמו עמד וערבן זה
בזה ואחריו ככב חמה זה אברהם שמצהיב כל
העולם כולו כחמה ואחריו לבנה שעתידין
ישראל להיות כזיו הלבנה ואחריו שבתי
שעתידין או״ה למשול בהם אחריו צדק
שעתידין להצדיק עליהם את הדין ואחריו
מאדים במה דנן ברא מאדים ונופלים בגיהנם
שאש אדום בו השמים מספרים כבוד אל
[תהלים יט ב] התורה שנתנה מן השמים היא
מספרת כבוד אל וכן הוא אומר בהכינו שמים
שם אני [משלי ח כז] ומעשה ידיו מגיד הרקיע
[תהלים יט ב] הן הלוחות שני׳ והלוחות מעשה
אלהים המה [שמות לב טז]

(טור שמאל, 20 § 7)

ומפני מה ברא הק׳ חמה תחילה שכל העולם
כולו בזיו אחד נבראו ואחריו מה אתה {כ}
בורא כוכב הנוגה לפי שצפה הק׳ שעתיד דור
המבול לזנות כיון שצפה בהן הבדילן בפני
עצמו זוה בפני עצמו וערבבן זה בזה זה איש
הנוגה זו אשה ואחריו מה אתה בורא כוכב
חמה, זה אבינו אברהם {שמהיו} שמנהיל כל
העולם כולו כחמה ואחריו מה את לבנה
שעתידין שבטי ישר׳ כל אחד ואחד להבהיק
זיוו כלבנה {כי} ואחריו מה אתה בורא צדק
שעתיד הק׳ להצדיק עליהם את הדין ושמא
תאמ׳ ניצולין מן הדין לכך ברא הק׳ מאדים
שנופלים בגיה׳ שהחמה הוא

Supplement 1

Cambridge[1]
T-S Misc. 36.124

Recto

..א שנים הרבה עמד? בית הם..... קיים אחרי מיתת ישעיה א............
..מאתי ימות אב. י..ע שימות ...ת אבל הק׳ב׳ה׳ יהי שמו משוב..........
..ים רפואה למכה ואיזה היא דברו על לב ירושלים וקראו אליה.......
....ה מיד יהוה כפלאים בכל חטאתיה [ישעיה מ ב] לכן אנכי הוא מנחם?.....
[ישעיה נא יב]
...דם חציר ינתן [ישעיה נא יג] אמ׳ להם הק׳ הנחתם רשות שלמעלה שאין ב......
...וא פנים ומקח שוחד רשות שהיא לעולם ולעולמי עולמים..........
.... שיש בה כזב ושקר ודעת גונבת דעת ומשוא פנים ומקח..........
....ום כאן ומחר לקבר מי את ותיראי מאנוש ימות ומבן אדם [שם]........
....שך נוטה שמים ויוסד ארץ ותפחד תמיד כל היום מפני חמת ה [שם]....
.... מציק אדם חציר יביש [איוב ת יב] ראה דרכיך ודע לפני מי אתה עמל ו......
....תיד ליתן דין וחשבון לפני מלך מלכי המלכים ברוך הוא וכל עוב....
...לפני הק׳ דכ׳ ביד כל אדם יחתום [איוב לז ז] לדעת כל אנשי מעשיהן והק׳ב׳
...דוהי כמה שכת׳ ולך י״י חסד כי אתה תשלים לאיש כמעשיהו [תהלים סב יג] וי׳ לן ...
והוא חציר יבש וחסדו כעיץ השדה [ישעיה מ ו] דכ׳ ביה קול אומר קרא ואמר מ.... [שם]

כע׳ השדה [שם] ולית אנן בהתין מלפני מלך מלכי המלכים ברוך הוא שהו.....
למוכחה יתן על כל עובדין בין דעבדין בגוליה בין דעבדין בטומרה...
במיזוד בין על מלה טבה ובין על מילה בישה הדה היא דכ׳ כי את כל מ...
על נעלם אם טוב ואם רע [קהלת יב יד] זה אחד משישה מקריות שהיה רבי קור......
ענוי הארץ אשר משפטו פעלו בקשן צדק בקשו ענוה אולי תסתרו [צפניה ב ג] ....
האווין תובעין אורחיה דמלכיה דעלמה כל מכיכיה דארעה דעבדי......
קושטא ומהלכין במכיכו קמי מלכי דעלמה ועד איין כתיב בהון א .....
דעתד לכון קברהו מן ההיא שעתא דרוגזא וכת׳ שנאו רע ואהבו טו.....
יחנן י״י אלהי צבאות שארית יוסף [עמוס ה טו] וכת׳ י׳ת׳ן שנאו רע ואה׳ טו׳ [שם]
....?שנאו
בדינה אמרתי אוריתה ובכל זאת אולי יחנן י״י צ׳ שארית [שם]......
יתן בעפ׳ פי׳ [איכה ג כט] ומיתב על לב רוגשה דיתין פומיה בעפרה ולוויי דהדין ס...
ממריה דעלמה ויאמר שמואל אל {העם} (שאול) למה הרגזתני לעלות א? [שמואל א׳ כח
טו]
....
לך שהרגזת את אליהך אלא כי עשיתני עבודה זרה שלך א......
..ך נפרעין מן הנעבד ולא עוד אלא שהייתי סבור שה......
אם שמואל וכ. בו כן וידע כל ישראל מדן עד באר ש....... [שמואל א׳ ג כ]
.. על אחת כמה וכמה וכת׳ כי הנה יוצר הרים [עמוס ד יג] ו........

Partially similar to Pesiqta de-rav Kahana 16 and 20; somewhat similar to Pesiqta [1]
Rabbati 29/30; 33 and 42.

Supplement 1

...חט? אפילו דברים שאין בהם חטא נכתב ......
......הרים וכול? והדן כי את כל מעשה .....
... אם עשה רע בין עובר על הטובה כתיב? ......
.... ק..מ... הוא .....ים? זה הוא שמפתה א.........י..?...
....ד..?ב?רים...ין יושב במושבות וכ.........ל ...
...ופ?ורק? עליו עולה שלתורה עליו ה....ה מה ל....
...תה שנאתה מוסר ותשלך דברי אחרך? [תהלים נ יז]... נתנב.....
...ישעיה שלמה אמ' עד מתי פתאים תאהבו [משלי א כב] ...תה אל ...
...לה ונחרצה שמעתי מאת י"י אלהים צבאות ..[ישעיה כט כג] .האזי..ושמעו קולי
הקשיבו...אמר..[ישעיה כט כד]
קשה היא הליצנות שתחילתה יסורין וסופה כלייה יסורין דכ' ועתה אל תתלוצצו
..כליה וכו?' כי כלה ונחרצה שמעתי וכו' [ישעיה כט כג.כד] אנ... לא ...תם גזר דינהם
של אבו...
מתעתעים במלאכי השרת ובוזים דבריו כך הוא אומ' ויהיו מלעיבים במלאכי האלהים
ובוזים
תעתעים בנביאיו עד עלות חמת י"י בעמו עד לאין מרפה [דברי הימים ב' לו טז] מה
כתוב בתריה ויע....

verso

...ם בבית מקדשיהם ולא חמל ..ר?..בתול? ....זקן וישיש הכל נת... [דברי הימים ב' לו
יז]
...ם בראש חטאו בר' דכ' ויאמר? נתנה ראש [במדבר יד ד] ולקו בראש על מה [ישעיה א
ה]
... ומנחמים בראש עלה הפורץ לפניהם פרצו ויעבורו שער ו?..[מיכה ב יג] ....
...חמים בעין חטאו בעיין דכ' ויאמר י"י יען כי גבהו בנות צי... [ישעיה ד טז]
.... ולקו בעיין על אלה אני בוכיה עי?ני עי?ני יורדה מים [איכה א טז] ומת....
...ו ירננו כי עין בעין וג' [ישעיה נב ח] חטאו באוזן ... ב?א?וזן ומתנחמי..
.......מ?שמוע [זכריה ז יא] לקו באוזן דכ' השמן לב העם .. ואזניו הכבד [ישעיה ו י]
ומ?...
.... דבר מאחריך לאמר וג' [ישעיה ל כא] חטאו באף ולקו באף ומתנחמין......
... בית יהודה מעשות את התועבות אשר עשו פה וג' [יחזקאל ח יז] לקו באף ד....
... עליכם בהלה וג' [ויקרא כו טז] ומתנחמין באף דכ' ואף גם זאת בהיותם ..[ויקרא כו
מד] בא ...
.... ב?פה ולקו בפה ומתנחמים בפה חטאו בפה דכ' על כן על בחור?....
.... מנותיו וג' [ישעיה ט טז] ולקו בפה דכ' אר' מק' ופלשתים מאחור ויאכלו את
ישר... [ישעיה ט יא]
... לא שחוק פינו ולשונינו רנה אז יאמרו בגוים הגדיל י"י [תהלים קכו ב] חטאו
בלשון ו?לק?ן? ..
.......טאו בלשון דכ' וידרכו את לשונם קשתם שקר ולא לאמונה וג' [ירמיה ט ב] לקו ~
.......חכו בצמא עוללים וג' [איכה ד ד] ומנחמים בלשון דכ' ולשונינו רנה [תהלים קכו
ב] חטאו בלב ~

Supplement 1

.... טאו בלב דכ׳ ולבם שמו שמור משמוע את התורה ואת הדברים אשר

.... ביד??? הנביאים ויהי קצף גדול וג׳ [זכריה ז יב] לקו בלב דכ׳ וכל לבב דוי [ישעיה א ה] וכת׳ על זה היה [איכה ה יז]

.... על לב ירושלים וג׳ [ישעיה מ ב] חט׳ ביד ולק׳ ביד ומתנ׳ ביד דכ׳ ובפרשכם כפיכם [ישעיה א טו] ...

.... ידי נשים רחמניות בשלו ילדיהן [איכה ד י] ומתנחמין ביד דכ׳ והיה ביום ההוא [ישעיה יא יא] ...

חט׳ ברגל ולק׳ בר׳ ומת׳ ברג׳ בר׳ דכ׳ ורגליהם לרע ירוצו [משלי א טז] לקו ברגל דכ׳

...חשיך ובטרם יתנגפו רגליכם [ירמיה יג טז] מיתנחמים ברגל דכ׳ מה נאוו על ההרים [ישעיה נב ז]

... קו בזה ומתנחמים בזה וירא העם (כי) בשש משה לרדת מן ההר וג׳ [שמות לב א] ולקו

... וג׳ ומתנחמים בזה דכ׳ ואמר ביום ההוא הנה אלהינו זה וג׳ [ישעיה כה ט] חטאו בההוא ולקו

..... כחשו בי"י ויאמרו לא הוא [ירמיה ה יב] לקו בה׳ דכ׳ והמה מרו ועצבו את רוח קדשו וג׳ [ישעיה סג י]

... מכם וג׳ [ישעיה נא יב] חטאו בכפליים ולק׳ בכפ׳ ומת׳ חט׳ בכפ׳ דכ׳ חטא חטאה ירושלים [איכה א ח]

.... בכל חט׳ וג׳ [ישעיה מ ב] מתנחמים בכפלים דכ׳ אנכי אנכי הוא וג׳ [ישעיה נא יב] כתיב זאת אשיב [איכה ג כא] .... ת?ורתך שעשועיי אז אבדתי בעוני [תהלים קיט צב] בסיני אמרתי בסיני לכם

.... יד לבוא אני אומ׳ לכם שני פעמים אנוכי אנוכי הוא מנ.... [ישעיה נא יב]

.... ולא היו רואין שנ׳ ודבר י"י אליכם מתוך האש קול [דברים ד יב] ....

.... שנ׳ כי עין בעין וג׳ [ישעיה נב ח] בסיני היו רואים את ה..........

.... העם רואים את הקולות ואת הלפידים וג׳ [שמות כ טו] א...........

.... אלא ששים ושמחים בהק׳ שנ׳ ואמ׳ ב...........

ש?.............שועתו [ישעיה כו ט] ~~ רני עקרה [ישעיה נד א]

רום?........... אמר י"י [ישעיה סו ט] והוא שאמר הכ׳ ...יבי עקרת

אם הבנים [תהלים קיג ט]............ה ש.........שה׳ק׳ב׳ה׳ לעולם עולמי עולמים

עקרות .... גביה ש?....... מקים מקים מעפר דל מאשפות ירים ...

להושיב....ד ע/ה׳...[שמואל א׳ ב ח]............? א יתן ועליה רחצונו והוא סבורן ולית ..... מיניח

ב׳ י"י........... חכמים ארבעה מפתחות בידו שלה׳ק׳ב׳ ואינן מסורין ב... בריריה בצ׳ול׳ ואילהו מפתח של .... ומפתח שלגשמים ומפתח ׳שלקברות מפ׳ של עקרות מפתח של פרנסה מניין דכ׳ פותח את ידיך ומש׳ לכ׳ ח׳ ר׳ [תהלים קמה טז] מלמד שה׳ק׳ב׳ה׳ ברחמים מ...

את ידיו וזן ומפרנס לכל ביריותיו מקרני ראמים עד ביזי כיני הדא הוא דכ׳ מי ..... [איוב לח מא] ...

וראה העורב הזה שחור הוא דכ׳ שחורות כעורב [שיר השירים ה יא] וכשהוא מוליד הוא רואה את

והוא אומ׳ אין אילו ילדי ומתאכזר עליהן ומניחן והולך לו והם תולים עיניהם להק׳ב׳ה׳ והוא זן

Supplement 2

Budapest[1]
Kaufmann 157

4 b

וכשדים באניות רנתם וכ' [ישעיה מג יד] פני שבעים זקינים הוביש
ב(ה)רפה ומלאו כדכים משער (ה)בתולת וכ' צרת מיכין מלך
יהודה בגלותו שמונה עשר אלף והחרש והמסר אלף ר
וכ' קרנות עשר עברו מראשיני וקרנות עשר בראש
ניתן וכ'[2] רוממנו לארץ אויבינו בחרפה מעוף השמים
ועד בהמה נדדו הלכו וכ' [ירמיה ט ט] שלש מאות חצים ירו במשיח
ייי ועשו גופו מב..ג וגם צדיק הוא ייי וכ' תחת אשר
לא שמענו אברנ?ו וכי עברנו מותיך ולא היינו זכור'
אח?ר כמו חטאו בראש ולקו ומתנחמים בראש
חטאו בראש ויאמרו נתנה ראש [במדבר יד ד] ולקו בראש כל ראש
לחלי [ישעיה א ה] ומתנח' ברא' ויעבור מלכם לפניהם וייי בראשם [מיכה ב יג]
חטאו בעין לקו בעין ומתנחמים בעין חטאו בעין
ומסקרות עינים [ישעיה ג טז] ול' בעין עיני עיני יורדה מים [איכה א טז] ומתנ' בעין
כי עין בעין יראו בשוב ייי ציון [ישעיה נב ח] חטאו באוזן ואוזנהם
הכבידו משמוע [זכריה ז יא] ..ו באוזן ואזניהם תחרשנה [מיכה ז טז] ומתנ'
באוזן ואזניך תשמענה דבר מאחריך לאמר [ישעיה ל כא] חט'
באף והנה שולחים את הזמורה אל אפס [יחזקאל ח יז] ול' באף אף
אני אעשה זאת לכם [ויקרא כו טז] ומתנ' באף ואף גם זאת בהיותם [ויקרא כו מד]
חטאו בפה וכל פה דובר נבלה [ישעיה ט טז] ול' בפה ו(י)אכלו את
ישר' בכל פה [ישעיה ט יא] ומתנ' בפה אז ימלא שחוק פינו [תהלים קכו ב] חט'
בלשון וידרכו את לשונם [ירמיה ט ב] ול' בלש' דבק שלון יונק [איכה ד ד]
ומתנ' בלש' ולשונינו רנה [תהלים קכו ב] חט' בלב ולבם שמו שמיר [זכריה ז יב]
ול' בלב וכל לבב דוי [ישעיה א ה] ומתנ' בלב דברו על לב ירושלים [ישעיה מ ב]
חט' ביד ידיכם דמים מלאו [ישעיה א טו] ולקו ביד ידי נשים
רחמניות [איכה ד י] ומתנ' ביד והיה ביום ההוא יוסיף ייי שנית
ידו [ישעיה יא יא] חט' ברגל ורגלי?הם תעכסנה [ישעיה ג טז] ול' ברגל בטרם ~

_____
Partially similar to Pesiqta de-rav Kahana 16; somewhat similar to Pesiqta Rabbati [1]
29/30 and 33.
מלכים ב' כד; דברי הימים ב' לו [2]

יתנגפו רגל(י)יהם על הרי נשף [ירמיה יג טז] ומתנ׳ ברגל מה
נאוו על ההרים רגלי מבשר [ישעיה נב ז] חט׳ בזה ... משה
האיש [שמות לב א] ול׳ בזה על זה היה דוה לבינו [איכה ה יז] ומתנ׳ בזה והיה
ביום הו?הוא הנה אלהינו זה [ישעיה כה ט] חט׳ בהוא כיחשו בייי
ויאמרו לא הוא [ירמיה ה יב] ולקו בהוא ויהפוך להם לאויב והוא
נלחם בם [ישעיה סג י] ומתנ׳ בהוא אנכי הוא מנחמכם [ישעיה נא יב] חט׳ באש
הבנים מלקטים עצים והאבות מבערים את האש [ירמיה ז יח]
ול׳ באש ממרום שלח אש [איכה א יג] ומתנ׳ באש ואני אהיה
לה נאם ייי חומת אש [זכריה ב ט] חט׳ בכפלים חטא חטאה ירושלים [איכה א ח]
ול׳ בכפ׳ כי לקחה מיד ייי כפלים [ישעיה מ ב] ומתנ׳ בכפ׳ נחמן ..מו
עמי יאמר אלהיכם [ישעיה מ א] אחר חטאנו צורינו אל תשלם לנו
כחטאינו אם אשמנו מה נשלם לך זכור .. אב אשר
..יד לך וחון ורחם על בנים אשר במדבר קראתם
לך חט׳ אם גזלנו מה נשלם לך

[continued]

Supplement 3

Vienna Fragment Pesiqta Rabbati 1

Benedictini 374

§ 6

Vienna col. 1

להיות בשבת ואמ' הכת' מדי חודש ומדי שבת [ישעיה סו כג] היאך אמ' ר' פנחס הכהן בן
חמא בשם ר' ראובן באים שני פַעמי' אחד של שבת ואחד של ראש חדש והעבין טוענין
אותם בהשכמת ומביאין אותן לירושלם והן מתפללים שם בבקר והן טוענין אותן ומחזירין
לבתיהם? (מנחה) באין וטוענין אותן ומביאין אותם? לירושלים מי אלה כעב תעופינה
[ישעיה ס ח] הרי של בקר וכיוני' על ארובותי' [שם] הרי של מנחה

§ 7

Vienna col. 1

אינו אום' יבואו כל בשר אלא ישר' אלא (יבא) כל בשר [ישעיה סו כג] אמ' ר' פנחס
(מ)הו כל בשר [שם] כל מי שבשר יצרו בעולם הזה זוכה לראות פני שכינה כשכתוב
עוצם עיניו מראות ברע [ישעיה לג טו] מה כתוב אחריו מלך ביופיו תחזינה עיניך
[ישעיה לג יז] ד' א' יבא כל בשר [ישעיה סו כג] אפי' כל הגוים ולא כל הגוים אלא
א(ו?)תם שלא שיעבדו לישר' מלך המשיח מקבלן

§ 8

Vienna col. 1

ובזכות מה ישר' זכין לכל הכבוד הזה בזכות ישיבת של ארץ ישר' שהיו יושבין ומצטערין
בין האומות בעולם הזה וכן את מוצא באבות העולם אין סוף על מה שנצטערו על קבורת
ארץ ישר' אמ' ר' חנינא כל שקלים שכת' בתורה סלעים ובנביאים ליטרין בכתובים
קנטירים ר' אבא בר יודן בשם ר' יהוד' בר סימון אמ' חוץ משקלים ששקל אברה' לעפרו'
בקבורה שלקח הימנ. שאינן אלא קנטירים אדני שמעתי ארץ ארבע מאות שק' כס'
[בראשית כג טו] בא וראה .ארב' מאו' קנטירים של כסף נתן בקבורה וכן יעקב כל זהב
שסיגל מימיו וכל ממון שהיה לו מכר כדי ליתן לפני עשו בקבורה שלא יכנס עשו לתוכה
אבי השביעני לאמר בקברי אשר כריתי לי וגו' [בראשית נ ה]

Supplement 3

§ 9

Vienna col. 1-2

וכן את מוצא שע' בשעת סילוקו מן העולם משביע ליוסף ואומ' // לו אל נא תקבריני
במצרי' [בראשית מז כט] ולמה כן ר' חנינ. אמ' דברים בגו ור' יהוש' בן לוי אמ' דברים
בגו ור' אלעז' בן פדת אמ' דברי' בגו ר' יוסי אומ' דברי' דברי' בגו אמ' ריש לקיש בשם ר'
אלעז' הקפר שמתיה חיים בימות המשיח כמה שדוך אמ' אתהלך לפני יי' בארצות החיים
[תהלים קטז ט] וכי ארץ ישר' ארץ החיים היא והלא בני אדם מתים בתוכה והלא חוצה
לארץ החיים היא אלא אכל ארץ ישר' מתים מצויים בתוכה וכיון שדוד אמ' בארצו' החיי'
[שם] שמתיה חיים לימות המשיח שאל ר' יוסא? לר' שמעון בן לקיש כגון ירבעם בן נבט
אמ' לו גפרית ומלח [דברים כט כב] שאל ר' חלבו לר' אמי כגון ירבעם בן נבט אמ' לו
שאלתי לריש לקיש ואמ' לי גפרית ומלח [שם] שאל ר' ברכיה לר' חלבו כגון ירבעם בן
נבט אמ' לו שאלתי לר' אמי ואמ' לי שאלתי לריש לקיש ואמ' לי גפרית
ומלח [שם]

§ 10

Vienna col. 2-3

אמ' ר' ברכיה אין אנו אומרים פתרה מהו שהשיבו גפרית אלא כלום האלהים עתיד
ליהפרע ה'ק'ב'ה' מרשעים בגהינם אלא בגפרית ומלח אלא שחרב בית המקדש אמ' ר'
יהוד' בר' אלעאי שבע שנים היתה ארץ ישר' בוערת באש וגפרית כמה שנאמ' גפרית
ומלח שרפ' כל ארץ' וגו' [דברים כט כב] אמ' ר' יוסי בר' חלפתא חמישים ושתים שנה
לאחר חורבן הבית לא עבר (עף ב)אדם איש כמה שכתוב מעוף השמי' ועד בהמ'
נדדו הלכו [ירמיה ט ט] מפני שהיתה בוערת באש שהושלך עליה כמה שכתוב ממרום
שלח אש בעצמותי וגו' [איכה א יג] ומה שהיה האלהים (עתיד) ליפרע מירבעם בן נבט
וחביריו {לעשות} בגיהנם בגפרית ואש כבר פרע מהם באותן שבע שנים שהיתה ארץ
ישר' // בוערת באש הרי אפי' ירבעם וחביריו חיים הם לימות המשיח ומי גרם להם
להנצל מדינה של גיהנם ולחיות קבורת ארץ ישר'

§ 11

Vienna col. 3

אמ' ר' הונא הכהן בן אבין בשם ר' אבא בן ימינה ור' הלבו ור' חמא בר' חנינא ר' חלבו
אמ' המת בחוצה (לארץ) והנקבר בחוצה לארץ שתי צרות בידו המ' המיתה וצרת הקבורה
למה שכתוב בפשחור ואתה פשחור וכל יושבי ביתך וגו' בבל תבא ושם תמות ושם תקבר
[ירמיה כו ו] ור' חמא בר' חנינא אמ' המת בחוצה לארץ כיון שיבא לארץ מחוצה לארץ ונקבר
בארץ ישר' אין בידו אלא מיתה אחת ומה מקיים שם תמות ושם תקבר [שם] שלקבורת ארץ
ישר' מכפרת לו

Supplement 3

§ 12

Vienna col. 3

ר׳ בן קירה ור׳ אלעזר בן פדת מטיילין באליסיס ובאו ארונות מחוצה לארץ אמ׳ בן קירה
לר׳ אלעז׳ מה הועילו אילו בחייהן הניחו אותה במיתתה באו להם (לכאן) אמ׳ לו ר׳ אלעז׳
לא הוא כיון שהן נקברין בארץ ישר׳ וניתן להם גוש של עפר ארץ ישר׳ מכפרת להם
וכפר אדמתו עמו [דברים לב מג]

§ 13

Vienna, col. 3-4

ואם כן {הצד } הצדיקים שקבורים בחוצה לארץ הפסידו לאו ור׳ אלעז׳ בשם ר׳
סימאי האלהים עושה להם מחילות בארץ והם מתגלגלים כנא(ו)דות ובאין לארץ ישר׳
וכיון שהן באין לארץ ישר׳ האלהים נתן להם את נשמותיהם שנ׳ כה אמר יי׳ בורא השמים
ונוטיה׳ וגו׳ נותן נשמה לעם עליה [ישעיה מב ה] ויש (לך) מקרא מלא {ש } שיחזקאל
הנביא אומ׳ וידעתם כי אני יי׳ {ה׳ } בפתחי את קברותיכם [יחזקאל לז יג] והעלית׳ אתכ׳
מקברו׳ עמי והבאתי אתכ׳ אל אדמ׳ ישר׳ [יחזקאל לז יב] אותה השעה ונתתי רוחי בכם
והחייתם [יחזקאל לז יד] הא למדת שמתי ארץ ישר׳ חיים לימות המשיח והצדיקים
שבחוצה לארץ באין // לתוכה וחיים עליה

§ 14

Vienna col. 4

ואם כן אף מ {ה?}א(ו)מ(ו)ו׳ העול׳ שקוברין בארץ אף הם חיים לאו אמ׳ ישעיה ובל יאמר
שכן חליתי [ישעיה לג כד] בל יאמרו השכינים הרעים נתערבנו אף אנו לכך אף אנו חיים
עמהם אלא אף מי היה העם היושב בה [שם] איזה עם נשוי עון אותם שאמ׳ עליהם מיכה מי
א׳ כמוך נושא עון ועובר על פשע [מיכה ז יח]

§ 15

Vienna col. 4

וכמה הם ימות המשיח ר׳ עקיבה אומ׳ ארבעים שנה ויענך וירעיב(י)ך [דברים ח ג] וכת׳
שמחינו כימות עיניתנו [תהלים צ טו] נאמ׳ כאן ע(י)נוי ונאמ׳ להלן עינוי מה עינוי האמור
כאן ארבעי׳ שנה אף עינוי האמור להלן ארבעי׳ שנ׳ אמ׳ ר׳ אבין מה טעמו של ר׳ עקיב׳
כימי צאתך ממצרים ארא(י)נו נפלאות [מיכה ז טו] ור׳ אליעזר אומ׳ ארבע מאות שנה
שכת׳ ועבדום וענו אות׳ ארב׳ מאו׳ שנ׳ [בראשית טו יג] וכת׳ שמחינו כימות עניתנו
[תהלים צ טו] נאמ׳ כאן עינוי מה עינוי האמור להלן ארב׳ מאו׳ שנ׳ אף
עינוי האמור כאן ארבע מאו׳ שנה ור׳ ברכיה בשם ר׳ דוסא הגדול אומ׳ שש מאות שנה
שכת׳ כימי העץ ימי עמי [ישעיה סה כב] (איזהו) עץ הסדן שעושה שש מאות שנה ור׳
אליעז׳ בר׳ יוסי הגלילי אומר אלף שנים שכת׳ כי יום נקם בלבי וגו׳ [ישעיה סג ד] ויומו
של אלהים אלף שנים כמה שכתו׳ כי אלף שני׳ בעיניך כיום וגו׳ [תהלים צ ד]

Supplement 3

§ 16

Vienna col. 4

ור׳ יהוש׳ אמ׳ שני אלפים שנה שכתוב שמחינו כימו׳ עיניתנ׳ [תהלים צ טו] ואין ימות
פחות משני ימים ויומו של ה׳ק׳ב׳ה׳ אלף שנים הרי שני אלפים שנים הם ימות המשיח ור׳
אבהו אמ׳ שבעת אלפים (שנה) שכת׳ כי יבעל בחור בתולה וגו׳ ומשוש חתן על כלה
[ישעיה סב ה] וכמה משוש חתן על כלה שבעת ימים (ו)יומו של ה׳ק׳ב׳ה אלף שנים הרי
שבעת אלפי׳ ימות המשיח ור׳ אומ׳ אין את יכול למנות כי יום נקם [ישעיה סג ד]

Supplement 4

Budapest, Rabbinical Seminary, MS 221[1]

[1]a

הנני שב וגו' [ירמיה ל יח] א'ע'פ' ..../
הנני שב [שם] בני אדם על אחת כמה וכמה שצריכין לעשו..../
תשובה שלימה אף העבירו' שעשה תחילה אין נזכרו'/
לא תזכרנ' הראשונו' ולא תעלה על לב [ישעיה סה יז] ומבשרו שלום/
שנ' שלום שלום לרחוק ולקרוב [ישעיה נז יט] שובה עד [הושע יד ב] שהת?ש?../
...הרחמי' ובדברי' ... שנ' קחו עמכם דברי/
ושובו אל? יי? [הושע יד ג] ולא עוד אלא שהלך ריקם וחוזר ריקם (מלא?)/
שנ' כל תשא עון וקח טוב [שם] דרש רבינו הקדוש גדול ../
תשובה שמי?.. שמהרהר לעשותה ומיד עולה לפני/
כסא הכבוד ובפ'ב סי?.. אמ' גדול תשובה שמביאה/
ישועה לעולם שנ' ארפא משבותיכם [ירמיה ג כב] לעלות עד/
כסא הכבוד ומקרב את הגאולה שנ' שמרו משפט/
ועשו צדקה כי קרובה ישועתי וגו' [ישעיה נו א] ....ות........./
לכם כשגגות שנ' שוב' ישר' עד יי' אלהיך?? כי כשלת/
בעונך [הושע יד ב]
[continued][2]

_____

Somewhat similar to PesR 44. [1]
[2]

[2a]

סליק סידרי תשובה כאשר חיברם הגאון הר' אלעזר מגרמיישא כאשר קיבל מרבינו יהוד חסיד
זצ"ל

INDEX

Index

בראשית א כו
14.22;21.49

בראשית א כט
21.48

בראשית ב א
2.3;2.12

בראשית ב ב
41.12;46.5;46.7

בראשית ב ג
6.13;23.16;23.27;23.28;
46.3;46.5

בראשית ב ד
21.54;23.15;33.38;40.6

בראשית ב ה
27/28.2

בראשית ב ז
8.4;26.1;40.6

בראשית ב ח
48.4;48.5

בראשית ב י
16.7

בראשית ב יז
40.7;40.8;43.21

בראשית ב יח
21.49

בראשית ב יט
14.25

בראשית ב כ
14.22;14.30

בראשית ב כד
8.19

בראשית ג ח
5.16;5.20;15.8;40.7;40.8

בראשית ג יב
14.32

בראשית ג טו

Scriptural Passages

בראשית

בראשית א א.ב
33.32

בראשית א ב
33.32;33.33;44.3

בראשית א ג
5.24;5.25;21.46;44.3

בראשית א ד
36.2

בראשית א ה
7.6;17.9

בראשית א ו
21.46

בראשית א ז
40.21

בראשית א ט
21.47;48.7

בראשית א יא
21.47

בראשית א יד
15/1.1;15.1;15.2;21.47

בראשית א טו
15.2;46.1;46.2

בראשית א טז
42.16;46.3

בראשית א יז
2.3;15.2

בראשית א כ
14.25;14.27;21.47

בראשית א כד
21.48

Index

23.17

בראשית ג טז
44.8

בראשית ג יז
21.7;42.21

בראשית ג יט
14.32;42.21

בראשית ג כב
7.2;48.4

בראשית ג כג
14.32

בראשית ג כד
7.3;23.15

בראשית ד ד
5.11;52.16

בראשית ד ח
51.24

בראשית ד יב
47.2

בראשית ד יג
47.2

בראשית ד יד
50.14

בראשית ד טז
47.2;50.14

בראשית ד כה
15.5

בראשית ד כו
5.21;42.21;48.9

בראשית ה א
23.1

בראשית ה ה
42.21

בראשית ו ה
5.21

בראשית ו ט
32.3

בראשית ו יד
14.10

בראשית ז ב
14.10;14.11

בראשית ז יא
42.22

בראשית ז כג
9.7;40.2

בראשית ח יז
14.10;25.16

בראשית ח כא
16.17;21.7

בראשית ט ו
21.39

בראשית ט כה
21.60

בראשית ט כז
35.2

בראשית י יא
33.56

בראשית יא ג
12.3

בראשית יא ד
5.21;42.22

בראשית יא ח
42.22;48.9

בראשית יא ל
32.6;42.18;43.3;43.11

בראשית יב א
52.9

בראשית יב ד
42.23;43.21

בראשית יב ה
43.24

Index

43.20

בראשית טו ה
11.18;40.33;42.4;49.10

בראשית טו ח
47.15

בראשית טו ט
15.3

בראשית טו יב
15.3

בראשית טו יג
1.18;15.17;15.20;42.5
47.15

בראשית טו יד
49.12

בראשית טו טו
12.7

בראשית טו יז
15.3

בראשית טו יח
15.5

בראשית טז ב
42.2

בראשית טז יב
21.5

בראשית יז א
14.8;48.34

בראשית יז ה
3.21;43.2;52.9

בראשית יז ח
18.11

בראשית יז ט
18.11

בראשית יז י
47.27

בראשית יז יב
14.27

בראשית יב ז
3.11

בראשית יב יז
17.6

בראשית יג א עד ה
3.10

בראשית יג ו
3.10

בראשית יג ז
3.11;3.12

בראשית יג ח
3.13

בראשית יג ט
3.13

בראשית יג י
3.13

בראשית יג יג
5.21;42.22

בראשית יג יד
3.14

בראשית יג יז
23.28

בראשית יד יג
33.10

בראשית יד יד
18.6

בראשית יד טו
17.8;49.10;49.11

בראשית יד כ
25.12

בראשית טו א
21.32;29/30.7;33.37

בראשית טו ב
43.2

בראשית טו ג

Index

33.10

בראשית יח כה
29/30.7

בראשית יח כז
7.3;12.3

בראשית יט יג
42.7

בראשית יט יז
3.14

בראשית יט יט
3.14;3.15

בראשית יט כד
42.6;42.22

בראשית יט לג
42.6

בראשית יט לו
2.10;21.5

בראשית כ א
3.10;42.8

בראשית כ ב
5.21;42.8

בראשית כ ג
42.8;42.10

בראשית כ ד
42.10

בראשית כ ה
42.11

בראשית כ ו
42.11

בראשית כ ז
42.12

בראשית כ יז
38.2;42.12;42.13

בראשית כ יח
27/28.1;42.8;42.9;42.10
42.19

בראשית יז טו
52.9

בראשית יז יז
42.18;43.21

בראשית יז יט
42.18

בראשית יז כא
40.37

בראשית יח א
15.23

בראשית יח ד
14.8

בראשית יח ה
14.8

בראשית יח ו
6.4

בראשית יח ז
14.8;27/28.4;47.22

בראשית יח ח
25.17

בראשית יח י
6.4;42.4

בראשית יח יא
42.17;42.18;51.11

בראשית יח יב
42.17;42.18;50.15

בראשית יח יג
50.15

בראשית יח טז
14.8

בראשית יח יז
12.2

בראשית יח יח
12.2

בראשית יח יט

Index

בראשית כב יא
40.38

בראשית כב יב
40.38;40.39;40.40

בראשית כב יג
40.42;40.43;47.23

בראשית כב יד
30.6;39.5;40.40;40.41

בראשית כב טז
40.39;40.41

בראשית כב יח
11.22

בראשית כג א
12.10

בראשית כג טו
1.8;Suppl. 3

בראשית כד א
25.13;25.14;43.2;51.10

בראשית כד יז
16.10

בראשית כד כ
32.5

בראשית כה כ
43.21

בראשית כה כא
11.17

בראשית כה כה
15.54;51.14

בראשית כה כו
43.21;52.10

בראשית כה כז
5.22;12.8;27/28.4;48.35

בראשית כה כט
12.7

בראשית כה ל

בראשית כא א
38.2;42.1;42.2;42.3;42.4
42.5;42.6;42.7;42.8;42.13
42.14;42.17;42.18;42.19
42.20;42.21;42.23;42.25
43.3

בראשית כא א.ב
43.25

בראשית כא ב
32.6;43.11

בראשית כא ו
42.14;42.16

בראשית כא ז
43.12;43.13

בראשית כא ח
42.15

בראשית כא ט
48.12

בראשית כא יב
40.40;42.20

בראשית כב ב
40.26;40.27;40.28;40.29;
40.30;40.31;48.12

בראשית כב ג
40.31

בראשית כב ד
40.31

בראשית כב ה
40.33;40.34

בראשית כב ו
40.34

בראשית כב ו.ז
40.34

בראשית כב ח
40.34;40.35;48.35

בראשית כב ט
40.35;40.36

Index

בראשית כו מ
21.4

בראשית כו מא
12.7;13.6

בראשית כו מג
12.8

בראשית כח ז
15.28

בראשית כח יג
33.37

בראשית כח יד
23.28;33.27

בראשית כח טו
33.24;33.37

בראשית כח יז
30.6;33.37;39.5

בראשית כח כב
25.13

בראשית ל כב
43.20

בראשית ל מב
51.20

בראשית לא יג
21.32

בראשית לא לב
3.18

בראשית לב ח
13.8;33.24

בראשית לב ט
13.8

בראשית לב כט
17.3

בראשית לב ל
17.3

בראשית לג א
25.14

16.10

בראשית כה לב
12.8;12.14

בראשית כו א.ח
43.8

בראשית כו ה
21.30;43.2

בראשית כו ו
42.12

בראשית כו יב
25.12;25.13

בראשית כו טז
33.22

בראשית כו כד
21.32;33.37

בראשית כו כח
33.22

בראשית כז א
12.7;15.55;47.16

בראשית כז ה
30.6

בראשית כז ט
47.23

בראשית כז טו
15.55;23/24.17

בראשית כז כז
39.5

בראשית כז כח
1.2

בראשית כז לג
25.13;25.14

בראשית כז לד
12.8

בראשית כז לו
12.8

Index

10.36

בראשית לז כז
10.36

בראשית לז כט
50.11

בראשית לט ה
42.23

בראשית לט ז
3.13

בראשית לט ח
12.16

בראשית לט יא
6.2

בראשית מא מו
6.2

בראשית מב יח
12.16;12.29

בראשית מג ל
13.7

בראשית מד יח
7.5

בראשית מד לג
7.5

בראשית מו ד
21.32;33.38

בראשית מו כז
10.12;10.37

בראשית מז יב
14.23

בראשית מז כט
1.9;Suppl. 3

בראשית מח א
3.16;3.17

בראשית מח ב
3.18;3.19;3.20

בראשית לג ב
13.8

בראשית לז ד
13.5

בראשית לג ו.ז
12.15

בראשית לג ז
12.29

בראשית לג יא
13.6;25.13

בראשית לג יח
23.28

בראשית לה ו
3.23

בראשית לה ח
12.10

בראשית לה ט
3.21

בראשית לה יא
3.21;3.22;3.24;3.25

בראשית לו ו
33.22

בראשית לז ב
12.28

בראשית לז ג
12.13

בראשית לז ד
13.5;29/30.9

בראשית לז יח
30.9

בראשית לז יט.כ
10.35

בראשית לז כה
10.36

בראשית לז כו

Index

בראשית מח ג
3.23

בראשית מח ג.ד
3.20

בראשית מח ד
3.21;3.22;3.24

בראשית מח ה
3.22;3.23;3.28

בראשית מח ו
3.23

בראשית מח ז
3.21;3.25;3.26;3.27

בראשית מח ח
3.29;3.30;3.31

בראשית מח ט
3.31;3.32

בראשית מח י
3.29;3.30

בראשית מח יג
3.28

בראשית מח יד
3.32;3.36

בראשית מח טו
33.30

בראשית מח טז
3.23;33.30

בראשית מח יז
3.33

בראשית מח כ
3.2;3.34

בראשית מט א
21.32

בראשית מט יב
33.69

בראשית מט יט
46.10

בראשית מט כב
12.15;12.29

בראשית מט כח
4.3;4.12;7.12;39.3;47.25

בראשית נ ה
1.9;Suppl. 3

בראשית נ ז
6.14

בראשית נ טו
13.6

בראשית נ כ
12.16

בראשית נ כא
12.16;29/30.9;29/30.15;
30.9

בראשית נ כה
42.23

שמות

שמות א ז
11.19

שמות א יד
12.4;15.29

שמות א כב
43.14;47.5

שמות ב יב
4.5

שמות ב יג
52.6

שמות ב יט
6.3

שמות ב כ
4.5;20.20

שמות ב כג
9.8

Index

שמות ג א
4.7

שמות ג ו
33.38

שמות ג י
4.4;29/30.13

שמות ג יב
21.31

שמות ג יג
21.16;52.6

שמות ג יד
21.16

שמות ג טז
15.10;19.1;43.23

שמות ג יז
49.12

שמות ד טו
33.38

שמות ד כב
5.6

שמות ד לא
43.23

שמות ה ב
7.4;19.2;52.2

שמות ה כ
15.25

שמות ו ו
15.42

שמות ו יג
7.12

שמות ו יג.יד
7.12

שמות ו יד.טו.טז
7.12

שמות ז יט
17.19;49.16

שמות ז כז
17.19

שמות ח ה
7.4

שמות ח ח
49.16

שמות ח יב
17.19;17.21;49.17

שמות ח יד
21.50

שמות ח טז
6.3

שמות ח יז
17.20;49.7;49.17

שמות ט ג
17.20

שמות ט י
17.20

שמות ט טו
49.17

שמות ט יח
17.20

שמות ט כד
21.51

שמות ט כז
19.2

שמות ט כח
19.2

שמות ט כט
5.8;7.4

שמות י ד
17.20

שמות י ג
49.7

שמות י כא

Index

שמות י כב
17.20

שמות י כב
17.23

שמות י כג
49.18

שמות יא א
49.22

שמות יא ד
15.15;15.30;17.4;17.8;17.20;
49.9;49.10;49.12;49.22

שמות יא ה
17.13;17.15

שמות יא ח
49.14

שמות יב א
15.6

שמות יב ב
15/1.1;15/1.2;15/1.3;
15/1.5;15.1;15.3;15.6;
15.11;15.13;15.16;15.17;
15.20;15.21;15.40;15.41;
15.44;15.45;15.48;15.49;
15.54

שמות יב ג
15.52;15.53;15.54

שמות יב ח
15.53

שמות יב ו
15.55

שמות יב ט
15.55

שמות יב יא
15.56

שמות יב יב
15.21;15.29;17.4

שמות יב טז
40.20

שמות יב כא
15.52

שמות יב כב
51.5

שמות יב כט
17.1;17.2;17.4;17.8;17.11;
17.13;49.1;49.2;49.3;49.5;
49.6;49.7;49.8;49.9;49.11;
49.12;49.13;49.14;49.19;
49.20;49.21;49.22

שמות יב ל
17.11;49.13

שמות יב לג
17.10

שמות יב לז
10.12;10.37

שמות יב מ
42.5

שמות יב מב
17.14

שמות יג ט
22.12

שמות יג י
22.11;22.12;52.25

שמות יג יז
19.1;19.2;19.3

שמות יג יט
12.14

שמות יג כא
14.8

שמות יג כב
33.48

שמות יד ד
12.24

שמות יד טו
9.8;18.7

שמות יד כא

Index

23.14	15.29
שמות טז כה	**שמות יד לא**
23.24;23.25	15.21
שמות יז ז	**שמות טו א**
12.18;12.25;12.28;13.12	12.24;15.30
13.13	
שמות יז ח	**שמות טו ב**
12.25;13.1;13.12;13.14	10.26;10.32;15.30;27.5
43.25	47.6
שמות יז ט	**שמות טו ג**
12.11;12.12;12.17;13.5	9.7;14.48;15.53;21.12;
	21.24;33.52
שמות יז יב	**שמות טו ח**
12.18;12.19	5.8
שמות יז יג	**שמות טו ז**
12.19;12.30;13.2	10.10
שמות יז יד	**שמות טו יא**
12.2;13.2;13.15	46.8
שמות יז טו	**שמות טו יג**
4.9;12.17;12.18	5.10
שמות יז טו.טז	**שמות טו יד**
12.19	12.24
שמות יז טז	**שמות טו יד.טו**
12.20;12.21	12.26
שמות יח ד	**שמות טו יז**
14.42	15.11
שמות יח יב	**שמות טו יח**
5.11	15.15
שמות יט ג	**שמות טו כד**
4.5;5.6;5.8;10.16	5.27
שמות יט ה	**שמות טז ב**
10.14;11.10;11.26;23.10	5.27
שמות יט ו	**שמות טז ד**
6.3	14.8
שמות יט ח	**שמות טז טז**
15.51	18.5
שמות יט י	**שמות טז כד**

Index

5.32

שמות יט יג
40.30

שמות יט יז
15.51

שמות יט כ
5.5;7.4;15.22;21.16

שמות יט כד
5.28

שמות כ א
21.10;24.9

שמות כ ב
15.22;15.27;20.11;20.18;
20.20;21.6;21.11;21.16;
21.28;21.29;21.30;2;21.31;
21.33;21.37;21.38;21.41;
21.44;21.46;21.50;21.54;
21.57;25.16;21.59;21.60;
21.61;22.1;23/24.2;27.8;
31.21;33.20;33.31;33.40

שמות כ ב.ג
22.4

שמות כ ג
20.9;20.18;21.37;21.38;
21.41;25.16;21.43;21.44;
21.46;21.50;21.52;21.61;
22.1;23/24.2;;25.16;27.8

שמות כ ה
33.20

שמות כ ז
21.37;21.38;21.42;21.43;
21.44;21.47;21.50;22.1;
22.2;22.3;22.5;22.7;
22.14;22.19;23/24.2;27.8

שמות כ ח
21.37;21.38;21.42;21.45;
21.47;21.50;23.2;23.3;23.4;
23.5;23.13;23/24.2;
27.8

שמות כ ט
23.6

שמות כ י
23.6;23.8;23.9;23.10

שמות כ יא
21.58;23.11;23.12;23.13
46.5

שמות כ יב
20.18;21.37;21.39;21.42;
21.45;21.47;21.50;23/24.3;
23/24.5;23/24.9;23.10;27.8

שמות כ יג
21.4;21.5;21.37;21.39;
21.40;21.41;21.42;21.43;
21.44;21.45;21.47;21.48;
21.49;21.50;21.51;24.1;
24.2;24.7;24.9;27.8;27.9;
31.3

שמות כ יד
20.18;21.37;21.40;21.41;
21.42;21.43;21.45;21.49;
21.51;24.9;27.9

שמות כ טו
5.32;15.51;24.9;27.9;
Suppl. 1

שמות כ טז
22.4

שמות כ כא
5.14;5.39

שמות כ כד
43.1

שמות כא ב
8.7

שמות כא יז
21.39;23/24.9;23/24.10

שמות כא כו
8.7

שמות כא לב
10.30;10.39

שמות כב ה
30.7;33.3

1140

Index

שמות כה כב	שמות כב י
16.21	22.16
שמות כה לא	שמות כב טו
8.9	10.29;10.38
שמות כו יד	שמות כב טז
33.46	10.29;10.38
שמות כו ל	שמות כב יט
20.19	10.25;10.28;21.38;21.39
שמות כח לח	שמות כב כז
33.67	1.2
שמות כט מג	שמות כג ה
33.52	31.18
שמות כט מה	שמות כג יט
7.7	12.14;25.14
שמות כט מו	שמות כג כ
5.19	25.14
שמות ל י	שמות כג כו
45.5	27.1
שמות ל יב	שמות כד ה
10.1;10.2;10.3;10.11;10.12;	5.12
10.14;10.15;10.19;10.20;	שמות כד ו
10.21;10.22;10.23;10.26;	10.4
10.27;10.28;10.29;10.31;	שמות כד ז
10.32;10.33;10.37;10.38;	4.8;10.15;14.33;15.15;21.6;
16.21	21.8;21.14;21.33;21.36;
שמות ל יג	21.59;33.45;41.13
10.30;10.34;10.35;10.39;	שמות כד יא
16.21	47.7
שמות לא ג	שמות כד טז
5.18	4.5;20.11
שמות לא יג	שמות כד יז
15.2;27.9	15.8
שמות לא יד	שמות כד יח
8.14;31.3	20.11
שמות לא יז	שמות כה ח
23.27;51.4	5.27;10.28;16.21
שמות לב א	

Index

Suppl. 1;Suppl. 2

שמות לב ד
3.29;31.21

שמות לב ד.ח
21.33

שמות לב ה
31.21

שמות לב ז
5.6;5.8;10.16;11.24;11.25
29/30.13

שמות לב ח
14.33

שמות לב ט
5.36

שמות לב יא
10.16;10.25;11.24;29/30.13;
40.3

שמות לב יא.יב
5.36;11.25

שמות לב יב
10.17;10.28

שמות לב יג
4.8;10.17;10.25

שמות לב יד
5.36;10.21;10.28;11.25
29/30.13

שמות לב טו
12.19

שמות לב טז
53.4

שמות לב יט
5.32;20.9

שמות לב כ
10.22

שמות לב כה
7.11

שמות לב כו
4.7

שמות לב כז
4.6

שמות לב לב
22.6

שמות לג ה.ו
33.44

שמות לג ו
10.16

שמות לג יג
10.17

שמות לג יז
10.17

שמות לג יח
10.17

שמות לג כ
10.17

שמות לג כא
21.26

שמות לג כב
4.7;10.18

שמות לד א
5.1

שמות לד ה
14.39

שמות לד ו
4.6;5.36;20.14;31.17;40.4

שמות לד ו.ז
16.1;48.24

שמות לד כד
25.9;

שמות לד כו
25.14

שמות לד כז
5.1;5.2;25.14;25.18

Index

שמות לד כח
4.7;16.4;21.58;48.22;48.23
51.4

שמות לד כט
15.11

שמות לד ל
15.8

שמות לד לג
10.18

שמות לו ח
7.1

שמות לו לה עד לז
33.46

שמות לט כח
33.47

שמות לט לב
2.12

שמות מ ב
6.10

שמות מ לד
5.22;5.23

ויקרא

ויקרא א ה
2.11

ויקרא א יא
41.6

ויקרא א יב
48.32

ויקרא א יג
13.13

ויקרא א יד
48.14;48.18

ויקרא ב א
29/1.7

ויקרא ב ב
29/1.7

ויקרא ג א
29/1.7

ויקרא ד כג
5.16

ויקרא ה טו
23/24.1

ויקרא ה טז
23/24.1

ויקרא ה כא
19.4;23/24.2;29/30.16

ויקרא ו ב
5.13;16.18

ויקרא ו ז
5.13

ויקרא ז א
5.13

ויקרא ז ב
48.28

ויקרא ז יא
5.13

ויקרא ח ב
33.12

ויקרא ח טו
48.28

ויקרא ח לג
47.8;52.15

ויקרא ט א
5.24;5.25;52.15

ויקרא ט ד
14.38

ויקרא ט כד
4.9

ויקרא י ד

47.19

ויקרא י יב
47.4

ויקרא יא ג
14.11

ויקרא יא ד
25.16;14.11;14.12

ויקרא יא ה
14.12

ויקרא יא ז
14.13

ויקרא יא ט
25.16

ויקרא יא כט
15.49

ויקרא יב ג
48.39;52.15

ויקרא יג ב
31.19

ויקרא יג ז
48.33

ויקרא יג מה
7.11

ויקרא יג מה.מו
47.9

ויקרא יג מו
17.18

ויקרא יג נב
17.18

ויקרא יג נו
17.18

ויקרא יד מה
17.18

ויקרא טז א
47.1;47.4;47.5;47.11;
47.20

ויקרא טז ב
47.10;47.19

ויקרא טז ג
47.22;47.23;47.24;47.25;
47.26;47.27

ויקרא טז ד
47.23

ויקרא טז ה
47.23

ויקרא טז יז
47.16

ויקרא טז כו
14.40

ויקרא טז ל
11.6;45.2;45.7;47.1;
51.31

ויקרא טז לד
14.40;45.5

ויקרא יז ה
5.12

ויקרא יח ה
14.40

ויקרא יח טז
14.40

ויקרא יט ג
23/24.9;23/24.10

ויקרא יט ד
21.33;21.34

ויקרא יט ט
15.13;30.7;31.18

ויקרא יט ט.י
31.18

ויקרא יט יא
21.45

ויקרא יט יב
21.50;22.5;22.7;22.14

Index

ויקרא יט יט
14.40

ויקרא יט לב
51.12

ויקרא כ ח עד יד
8.14

ויקרא כ י
10.27;21.40;31.3

ויקרא כ טו
42.2

ויקרא כ כו
15.12

ויקרא כא א
14.37

ויקרא כב כה
48.3

ויקרא כב כז
25.4;14.5;48.1;48.3;
48.4;48.14;48.15;48.18;
48.19;48.36;48.38;48.39

ויקרא כג ב
15/1.2

ויקרא כג ד
15.46;15.47;41.1

ויקרא כג י
18.5;18.10

ויקרא כג יא
18.11

ויקרא כג טו
18.4

ויקרא כג כד
15/1.4;40.1;40.3;40.4;40.10;
40.11;40.12;40.18;40.19;
40.20;40.26;40.41;40.43;
40.44

ויקרא כג לט
51.27

ויקרא כג מ
3.9;42.1;51.1;51.5;51.6
51.7;51.9;51.10;51.11;51.12;
51.13;51.14;51.15;51.18;
51.23;51.27;51.31

ויקרא כג מב
52.1

ויקרא כג מג
14.8

ויקרא כד טו
23/24.9;23/24.10

ויקרא כה ט
39.2

ויקרא כה ל
41.8

ויקרא כה נה
21.61

ויקרא כו ט
21.35

ויקרא כו יא
21.35

ויקרא כו יב
33.61

ויקרא כו טז
Suppl. 1;Suppl. 2

ויקרא כו מד
31.10;Suppl. 1;
Suppl. 2

ויקרא כו מו
4.12

ויקרא כז י
40.30

ויקרא כז לג
29/30.33

ויקרא כח ב
48.16

Index

במדבר

במדבר א א.ב
10.12

במדבר א ב
10.26;10.31

במדבר א יח
14.27

במדבר א מט
11.14

במדבר א מד
42.23

במדבר א נא
47.8

במדבר א נג
47.8

במדבר ב ב
4.8

במדבר ב ג
46.9;46.10

במדבר ב י
46.10

במדבר ב יז
11.4

במדבר ב יח
3.35

במדבר ב לא
12.28

במדבר ג יג
17.10

במדבר ג לח
46.9;46.10

במדבר ה טו
18.12

במדבר ה כא

21.42

במדבר ה כח
43.9

במדבר ו כג.כד
5.31

במדבר ו כד
5.32;5.33;5.34;5.39;5.40
15.24

במדבר ו כו
5.38;50.16

במדבר ז א
2.12;5.1;5.4;5.5;5.8;5.10;
5.11;5.17;5.18;5.19;5.23;
5.24;5.25;5.26;5.27;5.28;
5.29;5.30;5.31;5.32;5.33;
5.34;5.35;5.36;5.38;5.39;
5.40;5.41;7.1

במדבר ז ט
10.33

במדבר ז י
2.12

במדבר ז יב
7.1;7.2;7.5;7.6;7.7;7.8;7.10
7.11

במדבר ז יב.יג
7.9

במדבר ז יג
7.9;7.13

במדבר ז יד
5.16

במדבר ז טז
5.16

במדבר ז מח
3.2;3.35;5.16;52.14

במדבר ז נד
3.1;3.2;3.3;3.34;
3.36;52.14

במדבר ז פד

Index

2.3;6.1;7.13

במדבר ז פט
4.6

במדבר ח ד
15.49

במדבר ח יז
17.10

במדבר ט כ
14.39

במדבר י י
1.1

במדבר יא כב
14.27

במדבר יא כה
14.39;29/30.8

במדבר יא כו
12.11

במדבר יב ג
10.16

במדבר יב ה
14.39

במדבר יב ז
10.10;14.23;15.11;
17.3;29/1.8;49.22

במדבר יב ח
4.11

במדבר יב יג
46.9;46.10

במדבר יג ב
15.31

במדבר יג ח
3.35

במדבר יג כג
27.1

במדבר יד ד
Suppl. 1;Suppl. 2

במדבר יד י
26.4

במדבר טו לט
18.2

במדבר טז ב
7.8

במדבר טז כב
11.5

במדבר טז כו
52.6

במדבר טז כט
4.6

במדבר יז ו
5.27

במדבר יז יא
20.18

במדבר יז יב
20.18

במדבר יז יג
20.18

במדבר יט ב
14.1;14.4;14.5;14.7;14.8;
14.9;14.15;14.16;14.39;
14.40;14.41;14.44;14.45
14.47;14.48

במדבר יט ג
14.46;14.47

במדבר יט ה
14.46;14.47

במדבר יט ו
14.25;14.48

במדבר יט ט
14.48;14.49

במדבר יט יד
25.16

במדבר יט יז

Index

48.33;48.34;48.35

14.37

במדבר כח ד
16.22;48.33

במדבר כ י
11.8;47.16

במדבר כח ו
16.4;48.22

במדבר כ יב
11.8

במדבר כח ז
16.5;48.28

במדבר כ טז
10.25;17.4

במדבר כח יד
48.28

במדבר כ כט
13.12

במדבר כט א
40.11;40.18

במדבר כא א
13.12

במדבר כט ב
40.20

במדבר כא ב.ג
9.8

במדבר כט ח
40.20;40.21

במדבר כא לד
18.7

במדבר כט יז
52.1

במדבר כג ט
12.12

במדבר כט יט
52.19

במדבר כג י
11.2

במדבר כט לא
52.19

במדבר כג כא
39.3

במדבר כט לג
52.19

במדבר כג כד
27/28.4

במדבר כט לה
52.1;52.2;52.5;52.6;
52.7;52.12;52.15;52.16
52.17;52.19;52.20;52.21

במדבר כד יז
41.10

במדבר כט לו
52.17;52.20;52.24

במדבר כד יט
11.22;13.3

במדבר כט לז
52.25

במדבר כו נג
15.32

במדבר לג ג
15.1

במדבר כז טז
42.23

במדבר לה כא
31.3

במדבר כח ב
16.1;16.3;16.10;16.14;
16.17;16.21;48.15;48.19

במדבר כח ג
16.19;16.20;16.22;

Index

דברים

דברים א י
42.4

דברים א יא
11.12

דברים א כב
47.19

דברים א לא
13.13

דברים ב כה
4.8

דברים ד ד
11.27;52.25

דברים ד ו
14.33

דברים ד ז
15.46

דברים ד יב
Suppl. 1

דברים ד כד
11.27

דברים ד ל
44.18

דברים ד ל.לא
40.10

דברים ד לא
44.18

דברים ד לב
21.52;40.10;46.6

דברים ד לד
10.14;15.41;15.42

דברים ד מד
47.26

דברים ה ד
21.11;21.12;21.13;21.15

דברים ה ו
27/28.5

דברים ה יב
23.3;23.4

דברים ה כ
20.8

דברים ה כו
41.14

דברים ה כח
4.9

דברים ו ד
21.29;21.32

דברים ו יא
27.2

דברים ו יג
23/24.9;23/24.10

דברים ז ג
14.29

דברים ז ד
14.29

דברים ז ז
11.27

דברים ז י
23/24.16

דברים ז יד
11.26

דברים ח ג
1.17

דברים ט ט
21.58

דברים ט יב
10.16

דברים ט יד
10.21

דברים ט יט

Index

דברים ט כ
10.25;15.9

דברים ט כ
47.3;47.4

דברים ט כו
4.8

דברים ט כז
10.28;11.25

דברים ט כט
27/28.5

דברים י כב
10.12

דברים יא ח
11.2

דברים יא יט
22.13

דברים יב טז
2.10

דברים יג ז
15.35

דברים יג ז. יד
20.21

דברים יג יח
38.2

דברים יד א
10.21;21.28

דברים יד ד
16.2

דברים יד ה
16.2

דברים יד ז
14.13

דברים יד ח
14.13

דברים יד כא
25.11;25.14;25.18

דברים יד כא.כב
25.14

דברים יד כב
25.1;25.2;25.3;25.4;
25.10;25.11;25.13;25.18

דברים טו יד
15.13

דברים טז ח
52.15

דברים טז יח
33.4

דברים יז יא
3.1

דברים יז טו
48.5

דברים יט יט
21.40

דברים כב ז
23/24.5

דברים כב ט
11.2;15.13

דברים כב י
11.2;15.13

דברים כב יא
14.40

דברים כב יג
25.5;

דברים כב יט
10.30

דברים כב כה
12.7

דברים כג ד
29/30.30;42.7;49.4

דברים כג ו
48.2

דברים כג ח

Index

12.5

דברים כג יא
12.26

דברים כח א
11.26

דברים כג טו
30.7

דברים כח יב
42.20

דברים כג כ
14.34

דברים כח לח
33.64

דברים כד א עד ד
44.13

דברים כח נח.נט
22.19

דברים כד יג
;25.5

דברים כט ג
41.14

דברים כד יט
15.13

דברים כט ט
29/30.13

דברים כה ד
11.2;15.13

דברים כט כב
1.10;1.11;Suppl. 3

דברים כה יא
12.23

דברים כט כג.כד
28.4

דברים כה יז
12.1;12.2;12.4;12.5;12.6;
12.11;12.22;12.23;12.24;
12.25;13.2;13.14;13.16

דברים כט כד
28.4

דברים כה יז.יט
12.10

דברים לב ו
27.6

דברים כה יח
12.13;12.16;12.26;12.28;
12.29;13.2;43.25

דברים לב יא
47.17

דברים כה יט
12.2;12.4;12.11;12.20;12.30;
13.2;13.15;13.16

דברים לב יב
10.11

דברים כו יג
52.25

דברים לב יד
33.64

דברים כו טו
52.25

דברים לב יח
24.4;24.5;27.6;33.54

דברים כו טז
52.25

דברים לב כד
30.6

דברים כז ו
50.17

דברים לב ל
15.4;30.7;30.8

דברים לב לב
33.64

דברים לב לה

Index

41.10

דברים לב מ
31.24;31.25

דברים לב מג
1.14

דברים לג א
4.5

דברים לג ב
15.21;21.6;31.14;33.50

דברים לג ד
22.4

דברים לג ח
15.11;46.9;46.10

דברים לג יב
46.10

דברים לג יז
53.2

דברים לג יח
46.10

דברים לג כא
5.4

דברים לג כג
9.1

דברים לג כד
46.10

דברים לג כו
46.8

דברים לג כז
21.26

דברים לג כט
18.18

יהושע

יהושע א ח
33.49

יהושע א י
15.23

יהושע ד יט
15.52

יהושע ה ב
52.14

יהושע ז ח
22.6

יהושע ז י
3.32;18.10

יהושע י יא
9.7

יהושע יד טו
7.3

שופטים

שופטים ג לא
3.4

שופטים ה ד
15.16;20.4

שופטים ה יד
12.30;13.1;13.2;13.3;13.5;
13.6;13.7;13.8;13.9;13.10;
13.11;13.15;13.17

שופטים ה כ
18.8

שופטים ה לא
14.4;18.2;48.35

שופטים ז יג
18.13

שופטים י ו
44.13

שופטים יא לז
15.19

שופטים יג טו

Index

52.18

שופטים יח ל
27/28.6

שמואל א'

שמואל א' א א
43.25

שמואל א' א ב
32.6;43.19;43.26

שמואל א' א ג
43.29

שמואל א' א ד.ה
43.28

שמואל א' א ה
43.29;46.1

שמואל א' א ו
43.31;43.32;43.33

שמואל א' א ז.ח
43.29

שמואל א' א ח
43.22;43.27;43.30

שמואל א' א יא
43.7;43.8;43.9;43.10

שמואל א' א יז
46.1

שמואל א' א יט
46.1

שמואל א' ב א
43.19

שמואל א' ב ה
43.19;43.27;43.30

שמואל א' ב ה.ו
43.30

שמואל א' ב ו
5.6;21.55

שמואל א' ב ח
Suppl. 1

שמואל א' ב י
40.2

שמואל א' ב כא
32.6;43.1;43.2;43.3;
43.11;43.19;43.20;43.23;
43.27;43.31;43.33

שמואל א' ג יד
15.42;31.25

שמואל א' ג כ
Suppl. 1

שמואל א' ז ט
9.8

שמואל א' ח ב
43.28

שמואל א' ח ה
33.66

שמואל א' ט א
3.25

שמואל א' ט יב
14.39

שמואל א' י כה
14.39

שמואל א' יא ח
10.37

שמואל א' יג א
48.34

שמואל א' יג כא
3.4

שמואל א' יד יט
8.16

שמואל א' יד מז
15.10

שמואל א' טו ב
43.25

שמואל א' טו ב.ג
43.25

שמואל א' טו ג
13.15

שמואל א' טו ד
10.37;11.11

שמואל א' טו ט
13.16

שמואל א' טו כב
44.15

שמואל א' טו כח
48.13;48.17

שמואל א' טו לב
12.27

שמואל א' טו לג
12.26;12.27;13.17

שמואל א' יז לב
29/30.4

שמואל א' כ כז
32.1

שמואל א' כב ז
32.1

שמואל א' כב ט
32.1

שמואל א' כה כט
2.6

שמואל א' כו י
11.15

שמואל א' כח ה
15.10

שמואל א' כח טו
Suppl. 1

שמואל א' ל א.ב
8.18

שמואל א' ל א עד ח
8.18

שמואל א' ל ח
8.18

שמואל א' ל יא
8.18

שמואל א' ל טז
8.18

שמואל א' ל יז
8.19

שמואל ב'

שמואל ב' א יג
12.19

שמואל ב' ה ז
47.18

שמואל ב' ה כב עד כד
8.16

שמואל ב' ה כב.כג
8.16

שמואל ב' ה כד
8.17

שמואל ב' ה כה
8.17

שמואל ב' ו ז
46.1

שמואל ב' ז ב
6.6

שמואל ב' ז ה
2.8;6.5

שמואל ב' ז כג
21.31

שמואל ב' יב יג
10.27;32.2

שמואל ב' טו י
20.8

Index

שמואל ב׳ יז ב
15.9

שמואל ב׳ יט כא
30.9

שמואל ב׳ כב יב
53.1

שמואל ב׳ כג ח
11.12

שמואל ב׳ כג לט
11.11

שמואל ב׳ כד א
11.11

שמואל ב׳ כד א.ב
11.12

שמואל ב׳ כד ג
11.12

שמואל ב׳ כד ד
11.13

שמואל ב׳ כד ח
11.13

שמואל ב׳ כד ט
10.37;11.13;11.14

שמואל ב׳ כד יב
11.15

שמואל ב׳ כד יג
11.16

שמואל ב׳ כד יד
11.15;11.16

שמואל ב׳ כד טו
11.17

שמואל ב׳ כד יח
11.17;43.6

שמואל ב׳ כד יט
11.17;43.6

שמואל ב׳ כד יט.כ

43.6

שמואל ב׳ כד כה
11.17

מלכים א׳

מלכים א׳ א לה
33.51

מלכים א׳ ב יט
48.5

מלכים א׳ ג ה
14.18

מלכים א׳ ג ט
29/30.4

מלכים א׳ ד כ
10.37;11.1;11.2;11.3;
11.10;11.11;11.17;11.18;
11.26

מלכים א׳ ה ב
16.8

מלכים א׳ ה ב.ג
48.26

מלכים א׳ ה ג
16.8

מלכים א׳ ה ד
13.3

מלכים א׳ ה ה
42.3

מלכים א׳ ה ט
14.16;14.18;14.19;14.20

מלכים א׳ ה י
14.20;14.21

מלכים א׳ ה יא
14.22;14.23;14.24

מלכים א׳ ה יב
14.24

מלכים א׳ ה יג
14.24;14.25;14.26

מלכים א׳ ו ז
6.16

מלכים א׳ ו יד
42.3

מלכים א׳ ו יז
46.1

מלכים א׳ ו לח
6.5;6.6;6.11

מלכים א׳ ז א
6.5;6.6

מלכים א׳ ז יג
6.19

מלכים א׳ ז נ
6.17

מלכים א׳ ז נא
6.1;6.2;6.8;6.9;6.11;6.12;
6.13;6.14;6.15;6.16;6.17;
6.18;6.19

מלכים א׳ ח ב
6.11

מלכים א׳ ח ז
29/30.2

מלכים א׳ ח יא
47.16

מלכים א׳ ח יג
6.16

מלכים א׳ ח כד
42.3;42.3;42.4

מלכים א׳ ח כז
5.23

מלכים א׳ ח נו
52.3

מלכים א׳ ח סג
6.1

מלכים א׳ ט ג
40.30

מלכים א׳ י יב
33.46

מלכים א׳ יא ד
6.7

מלכים א׳ יב כח
3.29;3.30

מלכים א׳ יד כב
27/28.5

מלכים א׳ יז א
4.6;5.7

מלכים א׳ יז יא
4.5

מלכים א׳ יז יח
3.15;4.5

מלכים א׳ יז כג
5.7

מלכים א׳ יח ל
4.7

מלכים א׳ יח לא
4.1;4.3;4.4;4.9;4.10;4.12

מלכים א׳ יח לב
4.9

מלכים א׳ יח לו
4.8;24.8

מלכים א׳ יח לז
4.8

מלכים א׳ יח לט
4.8;4.9

מלכים א׳ יח מ
33.62

מלכים א׳ יח מב
52.13

מלכים א׳ יח מד
52.13

Index

מלכים א' יט ג
4.5

מלכים א' יט ד
4.7

מלכים א' יט ה
4.7

מלכים א' יט ח
4.7

מלכים א' יט ט
4.6;4.9

מלכים א' יט י.יד
11.8

מלכים א' יט יא
4.6

מלכים א' יט יג
4.6

מלכים א' יט טז
11.8

מלכים א' כא יט
21.37

מלכים א' כב כד
33.13

מלכים ב'

מלכים ב' א ח
26.4

מלכים ב' א יב
11.21

מלכים ב' א טו
5.7

מלכים ב' ב א
4.5

מלכים ב' ב ח
5.7

מלכים ב' ב יא
5.7

מלכים ב' ב טו
29/30.8

מלכים ב' ב כג
26.4

מלכים ב' ג ד
16.13

מלכים ב' ג טו
17.5

מלכים ב' ה כו
29/30.4

מלכים ב' ו כה עד כז
29/1.3

מלכים ב' ו כח.כט
29/1.4

מלכים ב' ו לא
29/1.4

מלכים ב' ט ל
32.7

מלכים ב' יג ז
11.21

מלכים ב' טו ז
40.42

מלכים ב' יז יג
29/30.5;33.41

מלכים ב' יח לה
52.2

מלכים ב' יט לה
49.2

מלכים ב' כא טז
4.11

מלכים ב' כג יב
27/28.6

מלכים ב' כה ז
14.47;15/1.5;15.44

Index

27/28.3;31.19;33.69; 33.67;Suppl. 2	מלכים ב׳ כה ט 14.47;14.48
ישעיה ג יז 31.19;31.20	ישעיה
ישעיה ד ג 15.36	ישעיה א ד 31.8;33.64
ישעיה ד ד 29/30.29	ישעיה א ה 33.67;Suppl. 1; Suppl. 2
ישעיה ד ה 31.16	ישעיה א ו 33.70
ישעיה ד טז Suppl. 1	ישעיה א ז 33.63
ישעיה ה ז 29/30.26	ישעיה א טו 33.69;Suppl. 1; Suppl. 2
ישעיה ה יט 31.18	ישעיה א טז 40.22
ישעיה ו ב 29/30.2;33.53	ישעיה א יז 40.22
ישעיה ו ג 20.14	ישעיה א יח 16.19;16.20;40.22
ישעיה ו ה 11.8;33.14;33.15	ישעיה א כא 15.53
ישעיה ו ו 11.8;33.15;33.16	ישעיה א כז 41.2
ישעיה ו ז 33.16;33.17	ישעיה ב ג 39.6;40.27;41.2;41.7
ישעיה ו ח 29/30.8;33.13	ישעיה ב ה 39.6
ישעיה ו י Suppl. 1	ישעיה ב ט 10.15;10.16;10.19
ישעיה ו יג 33.64;40.24;40.25	ישעיה ג יג 12.12
ישעיה ז ח 33.17	ישעיה ג טז
ישעיה ח ו 16.12	

Index

ישעיה ח ז
16.13;31.24

ישעיה ח כה
33.68

ישעיה ט ה
46.9;46.10

ישעיה ט יא
33.69;Suppl. 1;
Suppl. 2

ישעיה ט טז
Suppl. 1;Suppl. 2

ישעיה ט יז
29/1.8

ישעיה י ה
29/30.12

ישעיה י יז
11.27

ישעיה יא א
33.31

ישעיה יא ב
33.33

ישעיה יא ד
37.4

ישעיה יא ז
33.65

ישעיה יא ח
33.64

ישעיה יא יא
33.69;Suppl. 1;
Suppl. 2

ישעיה יא יב
14.48;29/30.27

ישעיה יא טו
48.11

ישעיה יא טז
48.11

ישעיה יג ו
41.11

ישעיה יג י
36.9

ישעיה יד ה
5.28;15.34;15.36

ישעיה טו א
33.18

ישעיה יז יב
31.23

ישעיה יט יח
17.9

ישעיה כא ג
33.54

ישעיה כא יא
33.18

ישעיה כא יא.יב
33.23

ישעיה כא יג
33.18

ישעיה כב ד
28.10

ישעיה כב יב
29/1.1

ישעיה כג ד
22.2

ישעיה כג ה
17.21;49.19

ישעיה כג ח
13.4

ישעיה כג ט
13.4

ישעיה כג יג
17.17;35.3

ישעיה כד ה

Index

25.11;25.12

ישעיה כד טז
29/30.2;33.70

ישעיה כד כא
42.25

ישעיה כה ח
29/30.27;36.2

ישעיה כה ט
Suppl. 1

ישעיה כו ד
21.54

ישעיה כו ט
Suppl. 1

ישעיה כו טו
52.2;52.3;52.4;52.5;
52.21;52.22;52.23

ישעיה כו יט
5.6

ישעיה כו כ
31.2

ישעיה כו כא
21.9

ישעיה כז א
42.25

ישעיה כט א
27/28.4

ישעיה כט י
8.7;33.67

ישעיה כט כב
11.20

ישעיה כט כג
11.20;Suppl.1

ישעיה כט כג.כד
Suppl. 1

ישעיה כט כד
Suppl. 1

ישעיה ל יח
31.25

ישעיה ל יט
34.7

ישעיה ל כ
12.20

ישעיה ל כא
Suppl. 1;Suppl. 2

ישעיה ל כו
2.12;42.16

ישעיה ל לב
18.14

ישעיה ל לג
41.9

ישעיה לא ג
49.20

ישעיה לב טו
29/30.34

ישעיה לג ב
34.2

ישעיה לג ז
40.37;40.38

ישעיה לג ח
40.37

ישעיה לג יב
10.10;10.11;10.14;11.21

ישעיה לג יד
52.12

ישעיה לג טו
1.7;24.6;Suppl. 3

ישעיה לג טז
24.6

ישעיה לג טז.יז
24.6

ישעיה לג יז

Index

ישעיה מ ה
33.69

ישעיה מ ו
Suppl. 1

ישעיה מ יב
48.27

ישעיה מ טז
16.22

ישעיה מ כב
5.10

ישעיה מ כח
23.12

ישעיה מ לא
29/30.34

ישעיה מא ג
49.11

ישעיה מא ד
15.54

ישעיה מא יג
11.24

ישעיה מא כז
51.14

ישעיה מב א
36.5

ישעיה מב ה
1.15;1.19;Suppl. 3

ישעיה מב ח
5.6;14.23;17.2;21.23

ישעיה מב יג
9.7

ישעיה מב טז
14.41

ישעיה מב יח
33.68

ישעיה מב כא

1.7;Suppl. 3

ישעיה לג כד
1.16;Suppl. 3

ישעיה לד ו
14.46;15.55

ישעיה לד ז
17.23

ישעיה לד ט
17.21;17.22

ישעיה לד יא
17.21;17.23

ישעיה לה ה
15.51

ישעיה לה ו
15.51

ישעיה לה י
26.25;28.15;29/30.34;37.9;
41.7

ישעיה לז טז
7.3

ישעיה לח י
24.1

ישעיה לח יח
50.1;50.4;50.5

ישעיה מ א
29/30.1;29/30.3;29/30.8;
29/30.11;29/30.12;29/30.14;
29/30.15;29/30.16;29/30.25;
29/30.26;29/30.27;29/30.35;
30.1;30.6;33.19;33.59;
Suppl. 2

ישעיה מ א.ב
29/30.4

ישעיה מ ב
29/30.4;29/30.11;33.69
Suppl. 1;Suppl. 2

ישעיה מ ג
29/30.27

Index

40.2;40.16;40.17

ישעיה מג א
26.2

ישעיה מג ב
11.24

ישעיה מג ו
29/1.9

ישעיה מג ז
50.1

ישעיה מג יד
8.10;28.8;28.11;29/1.9
30.3;30.5;Suppl. 2

ישעיה מג יז
35.3

ישעיה מג כב
29/1.7;29/1.8

ישעיה מג כד
29/1.7;29/1.9

ישעיה מג כו
40.17

ישעיה מד ב
29/1.8

ישעיה מד ו
51.14

ישעיה מד כב
29/30.29

ישעיה מד כד
26.2;33.37

ישעיה מד כו
17.3;17.4;49.22

ישעיה מה יב
33.37

ישעיה מו ד
28.10

ישעיה מז ו
13.7

ישעיה מג ז
50.1

ישעיה מז יד
12.17

ישעיה מח ח
12.24

ישעיה מח יב
40.20;41.18

ישעיה מח יג
28.9;31.20

ישעיה מט ח
31.26;31.27

ישעיה מט ח עד יג
31.26

ישעיה מט ט
31.27

ישעיה מט י
31.28

ישעיה מט יא
31.28

ישעיה מט יב
31.28

ישעיה מט יג
31.29

ישעיה מט יד
27/28.8;31.1;31.2;31.6;31.7;
31.10;31.11;31.15;31.16;
31.17;31.18;31.20;31.21;
31.22;31.25;31.26;31.29

ישעיה מט טו
31.21;33.65

ישעיה מט טז
27/28.8

ישעיה מט יח
31.21;31.29

ישעיה מט כ

Index

29/30.27;33.68

ישעיה מט כא
31.28;32.6

ישעיה מט כג
11.4;36.9

ישעיה נ ג
31.29

ישעיה נ ד
33.17

ישעיה נ ה
33.17;33.18

ישעיה נ ו
29/30.8

ישעיה נ יא
36.5

ישעיה נא א
15.4

ישעיה נא ג
26.25

ישעיה נא ט
29/30.8;33.19

ישעיה נא יא
26.25;37.9

ישעיה נא יב
21.34;21.36;29/30.8;33.1;
33.3;33.4;33.8;33.9;33.19;
33.20;33.21;33.22;33.23;
33.26;33.27;33.28;33.33;
33.34;33.35;33.36;33.40;
33.41;33.61;33.62;33.71;
Suppl. 1;Suppl. 2

ישעיה נא יג
33.24;33.25
Suppl. 1

ישעיה נא יד
33.26;33.27;33.28;33.29;
33.30

ישעיה נא יד.טו

33.30;33.31

ישעיה נא טו
33.29

ישעיה נא יז
29/30.8;33.19

ישעיה נב א
29/30.30;32.5

ישעיה נב ו
22.20

ישעיה נב ז
15.36;33.63;35.9;Suppl. 1

ישעיה נב ח
29/30.35;33.67;
Suppl. 1;Suppl. 2

ישעיה נב יב
15.56

ישעיה נג ו
34.4

ישעיה נד א
35.5;35.7;35.8;Suppl. 1

ישעיה נד א.יא
35.1

ישעיה נד ט
29/30.7

ישעיה נד יא
30.7;32.1;32.4;32.5;32.6;
32.7;33.40

ישעיה נד יב
32.8;32.10

ישעיה נד כא
32.6

ישעיה נה ב
51.1

ישעיה נה ו
31.7;31.8;44.11

ישעיה נה ז

Index

44.2

ישעיה נה ח
44.3

ישעיה נו א
Suppl. 4

ישעיה נז ב
2.5;44.16

ישעיה נז יב
30.10

ישעיה נז טו
34.6;50.5

ישעיה נז טז
9.7

ישעיה נז יט
33.38;44.17;
Suppl. 4

ישעיה נז כא
2.5

ישעיה נח ה
23.2

ישעיה נח ח
2.4

ישעיה נח יג
27.9

ישעיה נט ג
33.68

ישעיה נט יג
24.9

ישעיה נט טו
15.38

ישעיה נט יז
37.7

ישעיה נט כ
32.6

ישעיה ס א
8.8;15.48;36.1;36.6;36.9

ישעיה ס ב
17.23;17.24;36.9

ישעיה ס ג
36.9

ישעיה ס ח
1.5;1.6;Suppl. 3

ישעיה ס יד
29/30.28

ישעיה ס יט
8.8;21.46

ישעיה ס יט.כ
21.46

ישעיה סא א
33.18;33.19

ישעיה סא ו
29/30.33;33.66

ישעיה סא ט
34.1;34.2;34.5

ישעיה סא י
29/30.8;33.19;37.1;37.6;
37.7;37.8;37.9

ישעיה סא יט
30.2

ישעיה סב ב
34.5

ישעיה סב ד
33.63

ישעיה סב ה
1.19;29/30.27;33.65

ישעיה סב ו
35.5

ישעיה סג א
40.16

ישעיה סג ב
37.7

Index

ישעיה סג ד
1.18;1.19

ישעיה סג י
33.71;Suppl. 1;
Suppl. 2

ישעיה סג יא
12.2

ישעיה סג טו
30.3;30.5

ישעיה סד ג
37.5

ישעיה סה י
16.6

ישעיה סה יז
29/30.28;44.15;
Suppl. 4

ישעיה סה כב
1.18;33.64

ישעיה סה כה
33.65

ישעיה סו א
4.10;4.11;4.12

ישעיה סו ב
4.3;4.12

ישעיה סו ו
17.21

ישעיה סו ט
Suppl. 1

ישעיה סו י
28.15

ישעיה סו יב
33.63;50.16

ישעיה סו טו
30.5

ישעיה סו כב
27.7

ישעיה סו כג
1.1;1.4;1.5;1.6;1.7
Suppl. 3

ישעיה סו כד
52.12

ירמיה

ירמיה א א
14.47

ירמיה א ה
26.2;27/28.2

ירמיה א ו
26.4

ירמיה א ז
26.4;27/28.1

ירמיה ב ד
27.1;27.2;27.3;27.4;27.5;
26.7;27.8;27.9

ירמיה ב ח
27/28.6

ירמיה ב יג
21.46

ירמיה ב יד
27.6

ירמיה ב יח
33.63

ירמיה ב כב
48.33

ירמיה ב כז
29/30.1;33.64

ירמיה ב כח
27.8

ירמיה ב לד
33.70

ירמיה ג א
44.13

ירמיה ג ג
26.2

ירמיה ג ט
21.41;21.43

ירמיה ג יד
30.10

ירמיה ג יז
12.20;21.22

ירמיה ג כב
44.2;44.17;Suppl. 4

ירמיה ד א
44.11

ירמיה ד ב
22.20

ירמיה ד ז
27/28.4;33.65

ירמיה ד יד
48.33

ירמיה ד יח
31.4

ירמיה ד יט
26.2;27/28.2;33.70

ירמיה ד כג
33.32

ירמיה ד ל
26.3

ירמיה ד לא
12.7

ירמיה ה ב
27.8

ירמיה ה ו
33.65

ירמיה ה ח
27/28.3

ירמיה ה יב

27.8;33.71;Suppl. 1;
Suppl. 2

ירמיה ה כב
22.1;22.2

ירמיה ה כד
18.4

ירמיה ו ל
7.14

ירמיה ז ט
27.8

ירמיה ז יג
33.42

ירמיה ז יח
27/28.5;31.4;31.5;31.6;
Suppl. 2

ירמיה ז כד
26.6;33.65

ירמיה ז כה
29/30.5;33.41;33.42;33.43

ירמיה ז לד
27.9;33.65

ירמיה ח יג
33.64

ירמיה ח יז
33.64

ירמיה ח כג
29/1.2

ירמיה ט ב
Suppl. 1;Suppl. 2

ירמיה ט ט
1.12;Suppl. 2;Suppl. 3

ירמיה ט יא.יב
29/2.2

ירמיה י ח
23.3;35.7

ירמיה י י

Index

Index

14.9;14.10

ירמיה י יט
29/2.1

ירמיה י כ
28.1;28.2;28.3;28.6

ירמיה יא א
26.4

ירמיה יא ד
21.28

ירמיה יא כא
27/28.1

ירמיה יג טז
33.54;33.63;Suppl. 1
Suppl. 2

ירמיה יג יז
33.54

ירמיה יד יז
29/1.2

ירמיה יד יט
31.10

ירמיה טו א
27.2

ירמיה טז יג
29/30.11

ירמיה יז ח
16.7

ירמיה יז י
42.7

ירמיה יז יב
32.3;51.14

ירמיה יז כב
27.9

ירמיה יז כז
27.9

ירמיה יח יד
21.59

ירמיה יח טו
27/28.5

ירמיה כ ו
1.13;Suppl. 3

ירמיה כ ז
21.38;21.39;21.40;26.22

ירמיה כ ט
27/28.1

ירמיה כ יד
26.5

ירמיה כב כט
21.7

ירמיה כב כד
47.2

ירמיה כב ל
47.3

ירמיה כג יב
44.12

ירמיה כג כד
5.23

ירמיה ל ה
27.4

ירמיה ל ו
21.55

ירמיה ל יד
29/30.9;29/30.11

ירמיה ל יז
29/30.34;32.6;33.62

ירמיה ל יח
39.6;44.14;
Suppl. 4

ירמיה ל כ
42.24;51.1

ירמיה ל כב
21.28

Index

ירמיה לא ד
31.1

ירמיה לא ט
21.28;34.8

ירמיה לא יג
28.15;37.1;37.5

ירמיה לא טו
3.27

ירמיה לא יז
3.27

ירמיה לא כ
10.14;37.3;37.4

ירמיה לא כא
33.65

ירמיה לא לז
33.25

ירמיה לב ז
26.18

ירמיה לב ח
26.18

ירמיה לב כד
29/30.11

ירמיה לג יג
10.37

ירמיה לג כה
21.56

ירמיה לז א
27/28.1;27/28.3;27/28.4

ירמיה לז ג
26.8

ירמיה לז ז
26.8

ירמיה לז ט.י
26.9

ירמיה לז ט עד יג
26.9

ירמיה לז יג
26.10

ירמיה לז יד
26.11

ירמיה לז יז
26.11

ירמיה לז יח
26.12

ירמיה לז כ
26.12

ירמיה לז כא
26.13

ירמיה לח א.ב
26.13

ירמיה לח ו
26.13

ירמיה לח ז
26.14

ירמיה לח י
26.14

ירמיה לח יא
26.15

ירמיה לח יג
26.15

ירמיה לח כח
5.25

ירמיה לט ז
26.21

ירמיה לט יב
29/1.5

ירמיה מ ד
26.23

ירמיה מא ח
27.2

ירמיה מו כ

Index

14.45

ירמיה מט לח
30.3

ירמיה נ יז
53.2

ירמיה נ כ
44.23;45.4

ירמיה נ כה
23.27

ירמיה נא י
30.10

ירמיה נא מד
42.24

ירמיה נא נח
32.5

ירמיה נב ה
26.16

ירמיה נב ו
26.17

ירמיה נב י.יא
26.21

ירמיה נב יג
26.17

יחזקאל

יחזקאל א א עד ו
33.53

יחזקאל א י
47.16

יחזקאל א כו
14.30

יחזקאל ג ז
33.67

יחזקאל ג יב
20.14;20.15

יחזקאל ד ט
18.14

יחזקאל ה ה
27/28.5

יחזקאל ה ו
27/28.5

יחזקאל ה י
29/1.4

יחזקאל ח יא
29/1.8;33.66

יחזקאל ח יב
31.4;31.5

יחזקאל ח יז
33.68;Suppl. 1;
Suppl. 2

יחזקאל י ה
29/30.2

יחזקאל טז ו
17.7

יחזקאל טז ט
33.44

יחזקאל טז ט.י
47.6

יחזקאל טז י
33.44;33.46;33.47

יחזקאל טז יא
10.15;10.16;33.48;33.49

יחזקאל טז יב
33.49;33.50;33.51

יחזקאל טז יד
14.33;21.14;28.4

יחזקאל טז כ
29/1.7

יחזקאל יח לב
50.3

Index

יחזקאל כ כא
27.8;27/28.5

יחזקאל כ לט
24.8

יחזקאל כ מד
33.39

יחזקאל כא יב
27.4

יחזקאל כא כב
27/28.8;28.9

יחזקאל כב ז
27.8

יחזקאל כב יד
29/30.4

יחזקאל כב יח
7.14

יחזקאל כה יד
11.22

יחזקאל כז ג
41.4

יחזקאל כז כז
14.46;15.55

יחזקאל כח יב
14.30

יחזקאל כח יג
14.31

יחזקאל כט ג
21.50

יחזקאל ל יח
17.9

יחזקאל ל כא
19.1;33.55

יחזקאל לא ב
30.1

יחזקאל לא ב.ג
33.56

יחזקאל לא ג
33.57

יחזקאל לא ד
33.57

יחזקאל לא יב
30.1

יחזקאל לג יא
40.2;44.2;44.14

יחזקאל לג כד
11.19;15/1.4;21.30;40.20

יחזקאל לד טו
34.7

יחזקאל לד לא
10.15;26.1;47.26

יחזקאל לו יז
33.63

יחזקאל לו כ
27/28.7;28.11

יחזקאל לו כה
14.49;29/30.29

יחזקאל לו לו
42.17

יחזקאל לז ד
27.3

יחזקאל לז יב
1.15;42.20; Suppl. 3

יחזקאל לז יג
1.15;Suppl. 3

יחזקאל לז יד
1.15;Suppl.3

יחזקאל לח כב
17.22

יחזקאל לט יז
17.22

יחזקאל לט יז.יח.יט

Index

17.22

יחזקאל מא ז
41.3

יחזקאל מג יא
16.16

יחזקאל מג יד
12.22

יחזקאל מז ט
33.60

יחזקאל מז יב
33.62

הושע

הושע א ב
50.12

הושע א א.ב
33.43

הושע א ו
44.4

הושע א י
15.32

הושע ב א
11.18;11.20;11.21;
11.24;11.25;14.18

הושע א ט
44.4

הושע ב ב
26.4

הושע ב ה
44.5

הושע ב יא
44.10

הושע ב טז
15.26;33.36;33.40;44.5

הושע ב יח

44.4

הושע ב כא
22.20

הושע ב כג
22.20

הושע ב כה
44.4

הושע ג ב
15.40

הושע ד יג
15.18;33.63

הושע ד טז
14.47;44.5

הושע ד יז
50.16

הושע ה י
44.10

הושע ו א
33.34;33.35;44.16

הושע ז י
44.5

הושע ז טז
44.10

הושע ח ב
31.8

הושע ח ח
31.27

הושע ח י
16.15;16.16

הושע ח יב
5.3;5.4

הושע ט י
33.64;42.18

הושע ט יב
44.8

Index

29/30.17

הושע ט יד
44.7;44.9

יואל

הושע י ד
44.5

יואל א ה
29/30.18

הושע י יא
33.65

יואל א ח
33.65

הושע יא ג
3.32

יואל ב א
40.44;41.1;41.3;41.7;41.8;
41.11;41.13;41.18

הושע יא ד
3.32

יואל ב ג
41.2

הושע יב י
15.27

יואל ב ט
21.51;49.18

הושע יב יא
33.52;33.53

יואל ב כג
30.2

הושע יב יד
4.4

יואל ג ג
17.21

הושע יג א
4.5

יואל ד יג
10.11

הושע יג ז.ח
29/30.17

יואל ד יח
29/30.18;33.63

הושע יג יא
33.66

עמוס

הושע יג יב
44.6

הושע יד א
44.4;44.6

עמוס א יא
12.9;12.15;12.16;12.29
13.7;48.13

הושע יד ב
44.1;44.2;44.3;44.4;44.5;
44.6;44.7;44.9;44.10;
44.11;44.12;44.13;44.14;
44.15;44.16;44.17;44.18;
44.19;44.21;44.22;44.23;
50.1;50.8;50.11;50.12;
50.18;Suppl. 4

עמוס ב ט
47.4

עמוס ג ו
40.25

הושע יד ג
44.5;44.6;44.11;44.20;50.10;
50.11; Suppl. 4

עמוס ג ח
27/28.4

עמוס ד ז
15.37

הושע יד ו

Index

עמוס ד יג
Suppl. 1

עמוס ה ב
44.12

עמוס ה ח
42.21;48.9;48.10

עמוס ה טו
Suppl. 1

עמוס ה טז
21.22

עמוס ט ו
48.9;48.10

עמוס ט יא
29/30.19

עמוס ט יג
17.16

עובדיה

עובדיה א ב
12.13;12.28;15.55

עובדיה א יח
10.10;12.17

יונה

יונה א ו
47.20

יונה ג ו
33.57

יונה ג ז
33.57

יונה ג י
52.9

מיכה

מיכה א יג
8.10

מיכה ב ב
24.9;27.9

מיכה ב ט
43.14

מיכה ב יג
8.10;10.26;10.31;33.51
33.66;33.67;35.9;Suppl. 1;
Suppl. 2

מיכה ג ה
33.69

מיכה ג יא
27/28.5;33.67

מיכה ד יד
29/30.8

מיכה ו ג
48.35

מיכה ו ז
48.2;48.3

מיכה ו ח
45.1

מיכה ו ט
31.7

מיכה ז ח
15/1.5;37.2;46.8

מיכה ז טו
1.17

מיכה ז טז
Suppl. 2

מיכה ז יח
1.16;44.20;45.2;45.7;Suppl. 3

מיכה ז יח.יט
39.7

מיכה ז יט

Index

צפניה	16.19;44.23
צפניה א ב.ג 29/30.21	**נחום**
צפניה א ח 42.24	**נחום א יא** 29/30.20
צפניה א י 8.6	**נחום ב א** 29/30.20;33.70
צפניה א יא 8.6	**נחום ב ה** 51.16
צפניה א יב 2.3;8.1;8.2;8.4;8.5;8.6; 8.7;8.8;8.11;8.12	**נחום ג ד** 21.42
צפניה ב ג Suppl. 1	**נחום ג ח** 29/30.12;33.57;33.58
צפניה ג ג 33.65	**חבקוק**
צפניה ג ח 34.6;34.7	**חבקוק א יג** 14.48
צפניה ג יב 9.5	**חבקוק א יד** 21.48
צפניה ג יד 29/30.21	**חבקוק ג ג** 5.29
צפניה ג כ 29/30.21	**חבקוק ג ד** 10.18
חגי	**חבקוק ג ו** 50.6;50.7
חגי א יא 29/30.22	**חבקוק ג ח** 21.27
חגי ב ג 35.2	**חבקוק ג יב** 49.12
חגי ב ח 23.21	**חבקוק ג יז** 42.18
חגי ב ט 15.34	**חבקוק ג יח** 42.18

Index

חגי ב יט
29/30.22

1.12;34.1;34.6;34.8;
Suppl. 3

חגי ב כג
47.3

זכריה ט יג
2.2

זכריה

זכריה ט יד
39.1

זכריה א ב
29/30.23

זכריה י ג
42.24

זכריה א ח
51.9

זכריה יא א
33.2

זכריה א טו
29/30.23

זכריה יג ב
14.44

זכריה ב ג
15.36

זכריה יד ג
9.7

זכריה ב ט
30.7;35.5;35.6
Suppl. 2

זכריה יד ד
31.27

זכריה ב יד
35.1;35.7

זכריה יד ה
21.24

זכריה ד ב
7.14;8.9;8.10;8.11;51.17

זכריה יד ו
8.12;14.41

זכריה ד ג
8.11

זכריה יד ז
8.12

זכריה ה ד
22.17;22.18

זכריה יד ח
33.60

זכריה ז יא
33.68
Suppl. 1;Suppl. 2

זכריה יד ט
1.2;15.36

זכריה ז יב
33.69;Suppl. 1;
Suppl. 2

זכריה יד יב
17.21

זכריה ח ד
33.66

זכריה יד יח
17.22

זכריה ח כג
36.9

מלאכי

זכריה ט ט

מלאכי א ב
48.13

מלאכי א ג

Index

48.13

מלאכי א י
29/30.24

מלאכי א יא
16.16;48.2

מלאכי ב ה
47.27

מלאכי ב ו
15.11;33.11

מלאכי ג ה
44.22

מלאכי ג ז
44.19

מלאכי ג יב
29/30.24

מלאכי ג טז
12.2

מלאכי ג יז
16.19

מלאכי ג יט
41.11

מלאכי ג כ
29/30.2;33.65;42.16

מלאכי ג כב
5.4;14.39

מלאכי ג כג
4.4;33.40

תהלים

תהלים ג ג
10.27;10.28

תהלים ג ג.ד
10.27

תהלים ג ד
10.27;10.28

תהלים ג ח
31.22

תהלים ד ג
32.2;32.3;32.4

תהלים ד ג.ד
32.1

תהלים ה ה
50.10

תהלים ה י
33.69

תהלים ז ז
31.22

תהלים ח ב
25.14

תהלים ח ה
14.22;20.12;25.14;25.16

תהלים ח י
20.18

תהלים ט ו
12.11

תהלים ט ז
12.21

תהלים ט ח
12.21

תהלים ט ט
40.12;40.13;51.24

תהלים ט כ
31.22

תהלים י א
31.7

תהלים י ג
10.36

תהלים י יב
31.22;31.23;31.24;31.25

תהלים י יז

Index

תהלים יט ב	49.1
53.4	
תהלים כ ב	תהלים יב א
52.9	21.1
תהלים כ ג	תהלים יב ד
41.7	33.68
תהלים כב ד	תהלים יב ו
15.24	36.7
תהלים כב ח	תהלים יב ז
37.4	12.22;14.9;14.10;14.11
	14.13;14.14
תהלים כב יד.טו	תהלים יד ז
37.4	41.7;41.13;41.14;41.15
	41.16
תהלים כב טז	תהלים טז ט
36.6;37.2;37.4	29/30.4
תהלים כב כא	תהלים טז יא
40.39	51.15;51.16;51.17
	51.18
תהלים כג ה	תהלים יז א
9.4	40.14;40.15
תהלים כד א	תהלים יז ב
10.10;23.21;51.24	40.15;40.16
תהלים כה טו	תהלים יז יג
9.4	31.22
תהלים כו ו	תהלים יז טו
51.25	50.18;52.8
תהלים כו ז	תהלים יח ג
51.25;51.26	8.19
תהלים כו יב	תהלים יח יב
9.4	53.1
תהלים כז א	תהלים יח יג
8.12;8.13;8.18;8.19;	21.23
15.9	
תהלים כז ב	תהלים יח כט.ל
8.19	8.19
תהלים כז ג	תהלים יח ל
8.19	8.19
תהלים כז יב	

Index

27.9

תהלים כט ג
48.7

תהלים כט יא
5.10;37.7

תהלים ל א
2.1;2.3;2.4;2.7;2.8;2.9;
2.10;2.11;2.12

תהלים ל ב
2.9

תהלים ל ב.ג.ד
18.18

תהלים ל ד
2.9

תהלים ל ה.ו
18.19

תהלים ל ז.ח
18.19

תהלים ל ט.י
18.19

תהלים ל יא.יב
18.19

תהלים ל יג
18.19

תהלים לא כ
23.27;37.1

תהלים לב א
45.1;45.2;45.3;45.4;45.5;
45.6

תהלים לב ט
12.5

תהלים לג ב
21.1

תהלים לג ו
23.11;27.7;49.20

תהלים לה י

9.4;9.5;9.6

תהלים לה טו
13.11;13.12

תהלים לה כח
9.4

תהלים לה טו
13.9

תהלים לו ז
48.36;48.37;48.38

תהלים לו ח
29/30.3

תהלים לו י
36.1;36.2;36.5;53.2

תהלים לז ד
23.29

תהלים לז יא
32.12

תהלים לז כא
52.6;52.7

תהלים לז ל
14.15

תהלים לח יד
40.40

תהלים לח יט
47.26

תהלים מ ב
52.18

תהלים מ ו
15.3

תהלים מב ג
1.2;1.3;1.4

תהלים מג ג
15.11

תהלים מד כה
31.9

Index

תהלים מה ח
29/30.7;29/30.8;33.9;33.10;
33.11;33.12;33.13;33.18;
33.19

9.6;9.7

תהלים מז ו
5.5;39.2;40.18;51.30

תהלים סא א.ב
9.8

תהלים מז ט
51.30

תהלים סא א עד ג
9.1;9.3;9.4

תהלים מח ג
41.3;41.4;41.5;41.6;41.7

תהלים סא ג
9.8

תהלים מט ח.ט
16.21

תהלים סא ה
2.7;9.8

תהלים מט יג
23.15

תהלים סב י
40.44

תהלים מט טו
40.28

תהלים סב יג
Suppl. 1

תהלים נ י
16.6;48.30

תהלים סג ב
47.6;47.7

תהלים נ יב
16.1;16.2;16.4;16.5;16.8;
48.16;48.20;48.21;48.22;
48.23;48.24;48.25;48.26;
48.27;48.29;48.30;48.31;
48.32;48.33

תהלים סג ב עד ד
47.5;47.7

תהלים נ יז
Suppl. 1

תהלים סג ג
47.7;47.8

תהלים נג ז
41.13;41.14;41.15;41.16
41.17;41.18

תהלים סג ה
47.10

תהלים נז ט
17.5;17.6;49.3

תהלים סה ג
21.11

תהלים נח ה
33.64

תהלים סה י
42.25

תהלים נט ו
42.25

תהלים סו ג
19.3;19.4;19.5

תהלים ס ז
31.15

תהלים סו יב
15.5

תהלים סא א

תהלים סו טו
16.18

תהלים סח ה
51.9

תהלים סח י
18.5;20.20

Index

תהלים סח יג
15.9

תהלים סח יח
21.17;21.19;21.20;21.21;
21.25;47.7

תהלים סח יט
20.18

תהלים סח כח
7.10

תהלים סח לו
40.27

תהלים סט א
51.17

תהלים סט ג
31.24

תהלים סט ד
9.4

תהלים סט יד
49.1

תהלים עא טו
9.4

תהלים עא יט
46.3

תהלים עא כ
33.31;33.33

תהלים עא כג
9.4

תהלים עב א
51.19

תהלים עב ח
13.3

תהלים עב ט
36.9

תהלים עג א
43.4

תהלים עג ט

33.69

תהלים עג טז
17.1;17.2

תהלים עג כד
23/24.16;23/24.17

תהלים עג כה
14.45

תהלים עג כו
15.14

תהלים עג כז
41.8

תהלים עג כז.כח
41.8;41.9

תהלים עג כח
41.10;41.12

תהלים עד א
31.8

תהלים עה ג
14.41

תהלים עה ד
21.8;21.59

תהלים עה ח
10.22;10.30;10.39;50.8

תהלים עה ט
50.8

תהלים עו ט
21.7

תהלים עו י
21.9

תהלים עז ז
8.4

תהלים עז טז
15.42

תהלים עח לו.לז
10.29;10.38

Index

45.3;45.4

תהלים פה ט
5.36;5.37;5.38

תהלים פה י
5.38

תהלים פט א
3.33;6.12;14.23

תהלים פט ז
48.32

תהלים פט כג
36.3

תהלים פט כד
36.3

תהלים פט כו
36.3

תהלים פט לח
15.44

תהלים פט נב
15.39

תהלים פט נג
15.39

תהלים צ א
21.26

תהלים צ ד
1.18;40.7;53.1

תהלים צ י
27.1;40.7

תהלים צ טו
1.17;1.18;1.19

תהלים צא א
8.17

תהלים צא י
5.34

תהלים צא יד.טו.טז
22.20

תהלים עח מד
21.50

תהלים עח מח
17.19

תהלים עח נא
17.19

תהלים עח ס
28.1

תהלים עח ע
29/1.8

תהלים עט יב
12.22;12.23;13.2

תהלים פ ב
29/30.15

תהלים פ ג
46.10

תהלים פא ב
39.1;39.2;39.3;39.4;
39.7

תהלים פא ד
39.7

תהלים פא ה
15.46;46.4

תהלים פא ו
14.23

תהלים פב א
15.23

תהלים פב ו
1.2;33.47

תהלים פב ז
14.33

תהלים פד ג
9.4;45.3;45.4

תהלים פד ו
43.5

תהלים פה ג

Index

תהלים צא יד.טו
22.20

תהלים צט ו
14.38;14.39;43.27;43.28

תהלים צא טו
8.17;15.16;31.14

תהלים צט ז
14.39

תהלים צא טז
22.20

תהלים קב א
51.19

תהלים צב א
46.6

תהלים קב יח
51.19;51.20

תהלים צב א.ב
50.14

תהלים קב יט
51.22;51.23

תהלים צב ב
46.4;46.6

תהלים קג א
9.4

תהלים צב ד
21.1;21.6

תהלים קג ג
22.9

תהלים צב ו
6.9

תהלים קד א
29/30.28;37.7;51.9

תהלים צב יג
51.9

תהלים קד ד
16.3

תהלים צג א
37.7

תהלים קד ח
48.8

תהלים צג ג
48.7

תהלים קד יט
15/1.3;15.1

תהלים צד יט
21.34

תהלים קד כו
23.12

תהלים צה ז
6.19

תהלים קה ח
21.57

תהלים צו יב
51.24

תהלים קה לג
17.19

תהלים צו יג
51.24

תהלים קה לו
49.13

תהלים צז יא
42.16

תהלים קו ד
42.25

תהלים צח א
31.17

תהלים קו כ
10.39

תהלים צח ו
5.5

תהלים קו כג

Index

21.33

תהלים קו כח
21.44

תהלים קו מז
41.15;41.16

תהלים קט ד
52.24

תהלים קט יד
12.4;12.6;12.8;12.9;12.10

תהלים קיא ב
16.6

תהלים קיא ח
25.18

תהלים קיב ז
27.4

תהלים קיב ט
25.6

תהלים קיג א
2.2

תהלים קיג ד
35.6

תהלים קיג ט
43.11;43.14;43.16;43.17
43.18;43.19;Suppl. 1

תהלים קיד א
43.16;43.19;51.26

תהלים קטו א
51.26

תהלים קטו יז
50.2;50.4

תהלים קטז א
51.26

תהלים קטז ט
1.9;1.10;Suppl. 3

תהלים קיז א
51.26

תהלים קיח יד.טו
31.16

תהלים קיח טו
2.6

תהלים קיח טו.טז
31.16

תהלים קיח כד
52.20;52.24

תהלים קיח כה
51.25

תהלים קיח כז
2.2;51.26

תהלים קיח כח
51.26

תהלים קיט ד
16.14

תהלים קיט נד
15.30

תהלים קיט סב
17.5;17.6;17.7;49.2;49.3;
49.4;49.5

תהלים קיט סג
9.3;43.5

תהלים קיט עא
40.9

תהלים קיט עט
40.9

תהלים קיט פט
40.9;42.3

תהלים קיט פט.צ
40.4

תהלים קיט צ.צא
40.9

תהלים קיט צב
21.36;Suppl. 1

Index

תהלים קיט קה
8.14;8.15;8.17;

תהלים קיט קסד
21.1

תהלים קיט קסה
32.12

תהלים קכא ד
29/1.2

תהלים קכב ג
4.2

תהלים קכב ד
4.2

תהלים קכב ו
50.16

תהלים קכב ח
5.17

תהלים קכג א
9.4

תהלים קכג ב
30.2

תהלים קכו ב
Suppl. 1;Suppl. 2

תהלים קכו ה
42.20

תהלים קלב א עד ה
43.5

תהלים קלב יד
29/1.1

תהלים קלב יח
34.8

תהלים קלג ג
41.7

תהלים קלד ג
5.41

תהלים קלו א עד כו
5.9

תהלים קלו י
17.14

תהלים קלו יג
33.29;48.11

תהלים קלו טו
10.10

תהלים קלו כה
33.29

תהלים קלז א
26.23;28.1;28.7;28.12;
29/1.5;33.63

תהלים קלז א.ב
31.12

תהלים קלז ב
28.12

תהלים קלז ג
28.12;28.14;31.12

תהלים קלז ד
31.12

תהלים קלז ה
28.14;29/1.1;31.13;31.14;
31.15;31.16;31.17

תהלים קלז ו
28.15

תהלים קלז ז
13.2;13.16;32.5

תהלים קלח ד
23/24.1

תהלים קלח ו
3.35

תהלים קלט ט
29/30.2

תהלים קלט יא
23.17

תהלים קלט יב
17.10

Index

תהלים קלט טו
46.6

תהלים קלט טז
23.1;23.2

תהלים קמד א
9.4

תהלים קמד טו
16.23

תהלים קמה ט
31.8;48.39

תהלים קמה טז
Suppl. 1

תהלים קמה יח
43.4;52.3

תהלים קמה יח.יט
43.4

תהלים קמה יט
43.5;43.7

תהלים קמה כא
9.3

תהלים קמו י
20.15

תהלים קמז ב
26.25;28.6;33.3

תהלים קמז ה
11.27

תהלים קמז יד
32.11;32.12

תהלים קמח יג.יד
5.29

תהלים קמט ד
52.16

תהלים קמט ה
2.4;2.5;2.6;2.7;12.1
50.4

תהלים קמט ו
33.69

תהלים קנ א.ב
21.55

תהלים קנ א.ו
21.55

משלי

משלי א ט
29/2.1

משלי א טו
Suppl. 1

משלי א טז
33.70

משלי א כב
Suppl. 1

משלי א לא
13.15

משלי ב יז
21.41

משלי ב כא
5.22

משלי ג ט
23/24.9;23/24.10;
25.3;25.4;25.6;25.7;25.8;
25.10

משלי ג י
25.6;25.10

משלי ג יט
14.30;46.8;46.10;46.10;
49.20

משלי ג כ
49.20

משלי ד יח
23.16

משלי ד יט

Index

משלי י ח	8.13
25.5;	
	משלי ד כג
משלי י כב	23/24.6
46.2;46.3	
	משלי ה ו
משלי י כז	23/24.4
47.24	
	משלי ו כג
משלי יא א	46.9;46.10;51.15
13.10	
	משלי ו כו
משלי יא א.ב	3.13
13.10	
	משלי ו כז
משלי יא ב	21.51
13.10	
	משלי ו כח.כט
משלי יא ז	21.51
27/28.1	
	משלי ו כט
משלי יא ל	21.40;21.51
25.5	
	משלי ו לב
משלי יב י	22.6
48.35	
	משלי ז ט
משלי יב יד	24.2
50.11	
	משלי ח י
משלי יג יב	51.1;51.5
15.7;15.10	
	משלי ח טו
משלי יג כה	15.7
16.10;16.11;16.12;16.13;	
16.14	משלי ח כז
	53.4
משלי יד י	
29/30.4	משלי ט א
	8.10
משלי טו יט	
10.1;10.2	משלי ט ה
	51.1
משלי טו כט	
52.3	משלי ט ח
	48.35
משלי טו לא	
7.12	משלי ט יז
	21.43
משלי טז א	
40.34	משלי י ז
	12.1
משלי טז טו	

Index

משלי יט ג
16.3;48.17;48.21

משלי כ ז
31.4

משלי כ י
14.8

משלי כ כז
13.10

משלי כ ל
8.2;8.4;31.2

משלי כא כב
49.6

משלי כא כז
14.36

משלי כא כט
48.1;48.2;48.3

משלי כב כט
52.6

משלי כג כב
6.2;6.3;6.4;6.5;6.8

משלי כד ו
27.5;27.6

משלי כד י
47.20

משלי כד יא
47.20;47.21

משלי כה ח
47.4

משלי כה כה
22.5

משלי כה כח
12.26

משלי כו יח.יט
14.19

48.12

משלי כז יט
21.15

משלי כז כא
43.20

משלי כח יג
11.3;45.6

משלי כט כג
7.2;7.3;7.4;7.5

משלי ל ד
5.5;5.6;5.7;5.8

משלי ל ט
24.7

משלי ל יז
23/24.5

משלי לא י
35.3;35.4

משלי לא יב
35.4

משלי לא יח
17.14

משלי לא כז
15.11

איוב

איוב א ז
22.18

איוב א יד
17.16

איוב א טז
17.16;17.17;29/30.11;

איוב א יז
17.16;29/30.11

איוב ב ח
17.17;29/30.11

איוב ב יג

Index

29/30.11

איוב ג ג
26.5

איוב ג יט
50.9

איוב ד יז
29/30.1

איוב ה ה
18.6;18.7;18.8;18.9;18.10

איוב ה ז
23.12

איוב ו יא.יב
15.10

איוב ח יב
Suppl. 1

איוב ח כ
42.19

איוב י ג
24.3

איוב י ד
24.3

איוב י יב
42.25

איוב י כב
23.26

איוב יא כ
44.16

איוב יב ז
16.7

איוב יב ח
16.7

איוב יב ט
16.7

איוב יב י
5.5;31.3

איוב יב יב
21.12

איוב יב יח
21.18

איוב יג יב
12.3;12.4

איוב יד ה
8.17

איוב יד כ
23.15

איוב טו י
38.2

איוב טו יג
31.3

איוב טו לה
33.70

איוב טז ב
29/30.18;29/30.19;29/30.20
29/30.22;29/30.23;29/30.24

איוב יח יג
12.27

איוב יט כא
29/30.11

איוב כא יד
42.22

איוב כא יח
10.10

איוב כא לד
29/30.16;29/30.17;29/30.18;
29/30.19;29/30.20;29/30.21;
29/30.22;29/30.23;29/30.24

איוב כב כה
6.19

איוב כב כח
3.1

איוב כג ב
47.12

Index

איוב כג ה
47.13

איוב כג ח
47.13

איוב כג ט
47.13

איוב כד טו
24.2

איוב כה ב
11.21

איוב כה ג
21.19;46.3

איוב כה ו
33.23

איוב כו ט
20.17

איוב כח י
14.41

איוב כט יז
33.4;33.6

איוב כט כה
33.6;33.7

איוב ל א
38.2

איוב ל ד
15.26

איוב ל כד
29/30.12;33.55

איוב לא לד
17.17

איוב לג כב
10.23;10.25

איוב לג כג
10.23;10.25

איוב לג כד
10.24;10.25;10.29;10.38

איוב לג כה
10.23

איוב לג כז
38.1

איוב לד כ
49.7;49.8

איוב לו יא.יב
27.1

איוב לז ג
23.17

איוב לז ז
Suppl. 1

איוב לז כג
16.23;23/24.16

איוב לח א
47.13;47.14

איוב לח י.יא
22.2

איוב לח יא
22.1

איוב לח יג
33.70

איוב לח טו
23.16

איוב לח מא
Suppl. 1

איוב לט ט
48.30

איוב לט כז
47.17

איוב לט כח
47.17;47.18;47.19

איוב לט כט
47.18

Index

איוב לט ל
47.19

איוב מ כ
16.6

איוב מ כג
16.7;48.30

איוב מא ג
25.3

איוב מב י
38.2

שיר השירים

שיר השירים א ד
52.20;52.24

שיר השירים א ו
28.5;28.6

שיר השירים א ח
29/30.32

שיר השירים ה יא
Suppl. 1

שיר השירים א יג
20.10

שיר השירים ב ד
21.15

שיר השירים ב ח
15.17;15.18;15.19;15.20

שיר השירים ב ט
15.21;15.22;15.23;15.24;
15.25

שיר השירים ב י
15.22;15.24;15.28;15.31;
15.32;15.33;15.35;36.6

שיר השירים ב י.יא
15.31;15.33;15.35

שיר השירים ב יא
15.28;15.30;15.33;15.34;
15.35

שיר השירים ב יב
15.29;15.30;15.31;15.32;
15.34;15.35;15.36

שיר השירים ב יג
15.30;15.32;15.35;15.36;
33.64

שיר השירים ג ו
51.4

שיר השירים ג ח
15.10

שיר השירים ג ז.ח
15.9

שיר השירים ג יא
5.35

שיר השירים ד ג
33.68

שיר השירים ד ד
33.2

שיר השירים ד ו
40.31

שיר השירים ד ז
7.11;7.13;7.14;8.9;10.36;
11.20;14.47

שיר השירים ד טז
5.11;5.13;5.14;5.15;5.17;
37.5

שיר השירים ה א
5.15;5.16;5.17

שיר השירים ה ב
15.14;15.15;15.16;30.9;
36.6

שיר השירים ה יג
20.1;20.10

שיר השירים ו ט
21.31

שיר השירים ו י

Index

50.9	51.16
רות ב יא	**שיר השירים ו יא**
29/30.1	10.37;11.3;11.8;11.9;11.10
רות ב יב	**שיר השירים ז ב**
29/30.1;29/30.2;29/30.3	52.15
רות ב יג	**שיר השירים ז ג**
29/30.3	10.3;10.4;10.5;10.6;10.7;
	10.8;10.9;10.10;33.70
רות ב יד	**שיר השירים ז ה**
16.11	33.49;33.68
רות ג ג	**שיר השירים ז ח**
23.5	47.26
רות ג ח	**שיר השירים ז י**
49.4	2.7
רות ג י	**שיר השירים ז יב**
17.7	30.9
רות ד יח	**שיר השירים ח א**
6.8;43.29	29/30.9;29/30.15;30.9
רות ד כב	**שיר השירים ח ז**
6.8	51.4
	שיר השירים ח ט
	35.1;35.4
איכה	**שיר השירים ח יד**
	21.6
איכה א א	
29/1.9;29/2.1;29/2.2;	**רות**
29.30/27	
איכה א ב	
29/1.1;29/1.2;29/1.3;	**רות א א**
29/1.5;29/1.6;29/30.27;	5.24
30.6	
איכה א ג	**רות א ג**
29/30.27	17.18
איכה א ד	**רות א ה**
29/30.27	17.18
איכה א ה	**רות א ו**
29/30.28	42.25
איכה א ו	
29/30.28	**רות א יז**

Index

איכה ב יג
29/30.5;29/30.6;30.1;33.41;
33.43;33.51;33.52;33.55;
33.58;33.59;33.60;33.61

איכה ב יד
29/30.6

איכה ב טו
28.3;41.4

איכה ב יז
27/28.7

איכה ב יח
29/30.4

איכה ג יד
11.4;11.9

איכה ג טז
33.69

איכה ג כ
29/1.1

איכה ג כא
21.36

איכה ג כט
Suppl. 1

איכה ג לח
20.16

איכה ג לט
31.2

איכה ג כא
Suppl. 1

איכה ג כה
43.5

איכה ג מד
49.1

איכה ג מו
37.4

איכה ג מו.מז
37.4

איכה א ז
29/30.28

איכה א ח
29/30.29;Suppl. 1;
Suppl. 2

איכה א ט
29/30.29;29/30.35

איכה א י
29/30.29;29/30.30

איכה א יא
29/30.31

איכה א יב
29/30.33

איכה א יג
1.12;29/30.11;29/30.34;
30.7;31.1;33.2;33.3;
33.35;Suppl. 2;Suppl. 3

איכה א יד
29/30.34

איכה א טו
29/30.34

איכה א טז
29/30.34
Suppl. 1;Suppl. 2

איכה א יט
33.66

איכה ב א
27/28.7

איכה ב ג
28.15;31.15

איכה ב ד
2.11

איכה ב י
29/30.11;33.66

איכה ב יב
26.17

Index

קהלת א ג
18.1;18.2

קהלת א ה
18.2

קהלת א ט
15.27

קהלת א טז
29/30.4

קהלת ב ח
15.9

קהלת ב כא
5.18;49.20

קהלת ב כג
49.20;49.21

קהלת ג טו
48.4;48.5;48.6;48.10;48.11;
48.12;48.13;48.14

קהלת ד ב
27.3

קהלת ד ט
42.19

קהלת ה טו
18.3

קהלת ז ה
27.7

קהלת ז יד
52.8;52.10;52.11;52.12

קהלת ז כג
14.16;14.29

קהלת ח א
14.30;14.31;14.32;14.33;
14.34;14.35;14.36;14.37
23.15

קהלת ח ב
22.1

קהלת ח י
43.24

איכה ג סד
12.22

איכה ד ב
29/30.11

איכה ד ד
Suppl. 1;Suppl. 2

איכה ד ז
14.47

איכה ד ח
37.2

איכה ד ט
27.2

איכה ד י
29/1.3;Suppl. 1;
Suppl. 2

איכה ד יג
27/28.6

איכה ד יט
28.7

איכה ד כב
5.25

איכה ה ה
28.7;28.9;29/1.6;31.11

איכה ה יא
33.65

איכה ה יג
33.64

איכה ה יז
Suppl. 2

איכה ה כ
31.8;31.9

איכה ה כ.כב
31.9

קהלת

Index

קהלת ט ד
50.9

אסתר ג ז
33.25

קהלת ט ה
12.1

אסתר ג ט
15.54

קהלת ט י
50.9

אסתר ג יג
13.1;13.15

קהלת י כ
8.2

אסתר ד ג
18.10

קהלת יא ב
52.13;52.14;52.15

אסתר ו א
15.53

קהלת יא ט
18.2

אסתר ז ו
33.25

קהלת יב יא
3.3;3.4;3.5;3.6;3.7;3.9;
3.10;3.15

אסתר ח יא
2.2

קהלת יב יב
3.7;3.8

אסתר ט כד.כה
13.15

קהלת יב יד
Suppl. 1

אסתר ט כה
13.15

דניאל

אסתר

דניאל ב כ
52.3

אסתר א א
5.24

דניאל ב יג
6.4

אסתר ב ה
13.9

דניאל ב כ
52.3

אסתר ב ז
12.19

דניאל ב כב
20.8

אסתר ב טז
15.43

דניאל ב לח
14.45;15.54

אסתר ב יח
42.15

דניאל ב מו
11.9

אסתר ג א
13.9

דניאל ג טו
19.4;19.5;52.2

אסתר ז ו
33.25

Index

דניאל ג כב
14.48

עזרא

דניאל ג כה
35.5;35.6

עזרא א ב
15.34

דניאל ג כו
11.24

עזרא א ג
31.13

דניאל ה יז
11.9

עזרא א ה
31.13

דניאל ה ל
49.2

עזרא ג יב
31.13;35.1;35.2

דניאל ו יח
6.16

עזרא ה יב
14.47

דניאל ו כו
19.5

עזרא ה טז
6.4

דניאל ז ט
21.12;37.7

עזרא ח טו
31.13

דניאל ז י
21.19;33.50;48.16;48.20

עזרא ו יז
2.3

דניאל ז יא
14.46

עזרא ז ו
15/1.5

דניאל ח טז
14.30

עזרא ט ו
44.21

דניאל ח כז
6.4

עזרא י ג
14.28;14.29

דניאל יב א
44.22

נחמיה

דניאל יב ג
11.22;51.16

נחמיה ב א
35.8

דניאל יב ז
31.25

נחמיה ג ז
30.1

דניאל יב יא
15.26

נחמיה ה יח
16.9;48.26

דניאל יב יב
15.26

נחמיה ט ו
16.3;48.17;48.21

דניאל יב יג
31.17

Index

דברי הימים א׳ כא טו 40.29	נחמיה ט יח 10.30;10.39
דברי הימים א׳ כא יז 22.6	נחמיה יב כז 2.3;2.12
דברי הימים א׳ כב א 43.6;43.7	<u>דברי הימים א׳</u>
דברי הימים א׳ כב ח 2.10;2.11	דברי הימים א׳ ג י 6.4
דברי הימים א׳ כב ט 42.3	דברי הימים א׳ ג יז 47.3
דברי הימים א׳ כב י 42.3	דברי הימים א׳ ה ב 46.9;46.10
דברי הימים א׳ כג יג.יד 14.38	דברי הימים א׳ ה ו 33.43;50.12
דברי הימים א׳ כג יד 14.38	דברי הימים א׳ יג ו 40.30
דברי הימים א׳ כו י 17.11;49.13	דברי הימים א׳ ה יח.כה 27/28.6
דברי הימים א׳ כט י 52.3	דברי הימים א׳ טז לה 41.16
דברי הימים א׳ כט יא 9.7	דברי הימים א׳ יז ד 2.8;2.10;6.5
דברי הימים א׳ כט יג 9.6	דברי הימים א׳ כא א 10.37
דברי הימים א׳ כט יט 14.5	דברי הימים א׳ כא ג 11.13
דברי הימים א׳ כט כג 15/1.4;15.44	דברי הימים א׳ כא ה 11.14
<u>דברי הימים ב׳</u>	דברי הימים א׳ כא ו 11.14;11.15
דברי הימים ב׳ א ז 14.18	דברי הימים א׳ כא יב 11.15;11.16
דברי הימים ב׳ א יב 14.18	דברי הימים א׳ כא יג 11.15

Index

Geographical Terms, Place Names, and Nations

אדום

4.4;8.7;11.22;12.9;
13.2;13.16;14.45;
15.10;16.10;17.10;
17.21;17.22;17.23;
20.4;33.33;36.8;
37.7;49.19;53.4

איספניאה

31.28

אילופילוס

17.9

אלוני ממרא

15.23

אלכסנדריא

17.9;30.1;33.57

אמון

29/30.12

אמורי

9.7

ארם

11.21

ארץ נוד

דברי הימים ב׳ ב ז
33.46;33.47

דברי הימים ב׳ ו טו
42.3;42.4

דברי הימים ב׳ ו מב
2.9

דברי הימים ב׳ ז א
2.9;9.8

דברי הימים ב׳ ז יד
50.18;52.8

דברי הימים ב׳ ח א
6.5

דברי הימים ב׳ כו יט
33.67

דברי הימים ב׳ כט ו.ז
31.9

דברי הימים ב׳ ל י
26.4

דברי הימים ב׳ לב כ
18.9

דברי הימים ב׳ לג יג
51.20;51.21

דברי הימים ב׳ לו טז
27/28.6;Suppl. 1

דברי הימים ב׳ לו יז
Suppl. 1

בן סירא

בן סירא ג כא.כב
21.52

Index

47.2;59.4

ארץ סינים

31.28

ארץ ציה

47.7

אשור

8.7;16.13;29/30.12;
31.24;33.43;33.55;
33.56;33.57;33.63;
35.3;49.2

אשקלון

23/24.5

בארי

28.11

בבל

5.24;6.16;8.7;10.4;
15/1.5;15.33;15.34;
26.21;26.23;28.1;
28.7;28.8;29/1.5;
29/1.9;31.11;31.12;
33.32;33.33;33.63;
35.3

בני יונדב מן רכב

31.28

בני קדם

14.20

בני ישמעאל

21.5

בית ייי׳

26.9

בית אל

3.21;3.23;21.32

בית בדייה

23.5

בית כרם

51.3

בית [המקדש]

2.2;2.3;2.7;3.37;4.2;
5.25;5.27;6.1;6.4;6.5;
6.6;6.7;6.8;6.11;6.12;
6.13;6.15;6.19;9.8;
10.2;12.6;12.22;12.30;
14.21;15.14;15.25;15.34;
16.21;18.15;20.10;20.19;
21.19;26.7;26.10;26.17;
26.19;26.22;28.1;28.12;
29/1.8;29/30.14;
29/30.30;31.11;31.12;
31.13;31.21;32.3;32.10;
33.60;36.9;39.5;43.3;
43.6;43.9;47.24;50.7;
51.14;51.16;51.17

בית השואבה

1.4

בצרה

14.46;15.55

Index

גבלן

15.38

גבעון, גבעונים

26.9;26.10;29/30.6

גדר

21.45

גלבע

11.11

גליל

14.38

דמשק

49.11

דומה

33.18;51.16

דפנו של רבלתה

31.27

הר הבית

26.18

הר הזיתים

14.5;31.27

הר הכרמל

4.6;32.8

חובה

49.11

חרן

43.21;43.24

חתי

11.11;11.12

טבריא

8.6;23.5;49.12;51.3

יאור

17.19;21.50

יבוסי

11.17;43.6

יהודה

15.35;16.12;17.3;26.5;
27/28.6;28.9;33.41;
47.3

יובל

1.4;16.7

יוון, יווני, יוונית

2.2;5.2;6.1;8.7;14.45;
15.55;33.32;33.33

ים הגדול

32.9;32.10;48.11

Index

ים סוף

8.18;10.10;12.21;
33.29;48.11

יפו

22.2;48.10

ירדן

15.52;15.53;16.7;48.30

ירושלים

1.5;1.6;2.12;4.2;4.11;
5.25;8.1;8.4;8.5;8.6;
8.7;8.8;8.11;8.12;10.3;
12.20;13.16;14.47;
15.34;15.36;15.53;
16.20;17.3;21.22;21.36;
25.9;26.3;26.5;26.8;
26.9;26.12;26.13;26.16;
26.18;26.21;26.22;
26.24;26.25;27/28.3;
28.6;28.15;29/1.5;
29/30.3;29/30.4;29/30.6;
29/30.11;29/30.31;30.1;
30.7;30.10;31.4;31.5;
31.7;31.9;31.13;31.14;
31.16;31.17;31.18;31.19;
31.21;31.27;32.11;33.1;
33.2;33.41;33.51;33.60;
34.1;34.7;35.5;41.3;
41.4;41.5;48.33;50.7;
50.12;50.16;51.14;52.19

כושי

26.14;26.15

כותי

15.20;48.6

כנען,כנעני

13.12;15.32;18.11

כפר חטייה

16.17

כפר קרינוס

17.16

כפר צבעייא

17.16

כשדים, ארץ כשדי

17.7;26.8;26.9;26.10;
29/30.11;35.3;37.7

לבנון

14.25;33.2;33.56

לוד

8.6;13.11;32.9

לודקיא

23.21

לוז

3.23

לוקיס

21.45

מגדל דוד

Index

33.2

מדבר סיחון

15.26

מדבר יהודה

15.26

מדי

8.7;14.45;33.33

מואב, מואבי

15.10;29/30.1;29/30.30;
33.18;40.12;42.7;49.7

מוריה

40.27;40.28;40.29;40.30;
40.31;50.7

מיומם [מיומס?]
21.24

מצרים, מצרי

1.17;3.10;3.16;3.22;4.4;
5.19;6.14;8.7;8.18;9.8;
10.10;10.12;10.17;10.29;
10.37;10.38;10.39;11.25;
12.4;12.24;12.26;13.1;
13.12;14.21;14.23;14.45;
15.6;15.11;15.14;15.18;
15.21;15.29;15.41;15.42;
15.43;15.50;15.52;17.4;
17.7;27.9;27.20;27.11;
17.12;17.13;17.14;17.15;
17.19;17.21;17.22;17.23;
21.12;21.23;21.31;21.32;
21.50;21.51;21.59;21.60;
21.61;25.4;26.8;26.9;
29/30.5;29/30.10;
29/30.12;30.1;33.28;
33.29;33.30;33.38;33.44;
33.55;33.57;35.3;42.23;

43.16;43.19;47.5;47.6;
48.11;48.12;49.1;49.5;
49.6;49.7;49.8;49.11;
49.12;49.14;49.15;49.17;
49.18;49.19;49.20;49.22;
50.6;51.5;51.26

(נא) אמון

33.57;33.58

נוב

29/30.6

נינוה

30.1;52.9

סדום, סדומיים

3.14;3.15;5.21;9.7;
29/30.7;40.3;40.5;40.17;
42.6;42.6;42.8;42.22

סוכות

10.12

סוסיתא

21.42;21.45

סורייה

23.21

סיחון

18.7;29/30.5;51.5

סיני, הר סיני

1.2;5.5;5.32;7.4;10.15;

Index

15.10;21.5;29/30.1;
29/30.30;42.7;49.4

עמורה

42.6

עמק רפאים

8.16

ענתות

26.9

ערבייה

36.8

פדן (ארם)

3.21;3.25;13.8

פלשתים

5.21;8.16;8.17;9.8;
15.10;33.21;42.8

פרס

15.34;36.8

פרת

26.23;28.8

צובה

15.10

צור

14.26;14.27;17.21;49.19

15.15;15.21;16.4;21.8;
21.9;21.12;21.13;21.14;
21.16;21.17;21.18;21.20;
21.22;21.25;21.28;21.32;
21.36;21.38;21.39;21.40;
21.59;21.61;23/24.7;
26.7;28.3;28.5;33.20;
33.44;33.52;40.24;41.13;
47.7;48.22; 50.7

סמבטיון

23.27;31.27

סמרטים

15.20

עברי

33.10

עוג

18.7;29/30.5;51.5

עילם

30.3

עיר ההרס

17.9

עיר שמש

17.9

עכו

8.6;22.2;48.10

עמון

Index

צידון

22.2

ציפורי(ן)

8.6;23.7;23/24.11;51.3

צקלג

8.18

קיסרין

14.35

קישון

33.62

קרית מלך

41.6

רבלתה

26.16

רגיון נהר של אש

20.16

רומי

17.21;17.23;17.24;23.20;
32.7;37.6;37.8;48.37

רעמסס

15.1

רפידים

12.25;13.2;13.14

שומרון

44.6;50.13

שילה

29/30.6

תלפיות

33.2

תחפנס

17.9

Greek and Latin Expressions

אברוכסון
ἔβρεξεν

22.14

אוכלוסין
ὄχλος

10.13;11.16;21.21;
21.22;33.7;40.2;
40.3;49.11

אולייר
ὀλεάριος

22.9

אוני
ἤ ὦ

Index

אונקיות
uncia, οὐγκία

21.58

אוסיא
οὐσία

25.6

אוקוביטון
accubitum, ἀκκούβιτον

16.17

אוקיינוס
Ὠκέανος

14.19;14.20;21.47;
33.60;42.14;42.15;
48.7;48.8;48.9;
48.31

אורולוגין
ὡρολόγιον

15.45

אוריירין
(s. אולייר)

אותנתנטיא
איותנונא, איוטנטא
αὐθεντία

9.5;21.29

איטימוס
ἔτοιμος

15.24

איסטסיא
στάσις

31.11

איסטרובלין
στρόβιλος

6.10

איסרונגולון
στρογγύλον

10.4

איסטרטליטא,
איסרטליטיס,
אסטרלתים,
איסרטילוס

στρατηλάτης

14.46;15.55;
21.10;21.35

איספוסין, אפוסין
ἀπόφασις

44.4

איסר
assarius

23.3;23.4

איפטיה
ὑπατεία

15.43

איצטדי
στάδιον

23/24.8

איקונין
εἰκόνιον, εἰκών

Index

17.12;21.3;21.11;
27/28.7

אכסניא
ξενία
11.15

אליסיס (אלסיים)
Ilsis
1.14

אלריא
ἰλάρια
52.19

אנגריה
ἀγγαρεία, angaria
21.6;42.13

אנטיריקוס
(אנטידיקוס)
ἀντίδικος
29/30.10;48.14;48.18

אנרדלימיה (אנדרולימסיה)
ἀνδρολημψία
49.17

אנטרי
ἄντριον
23/24.8

אנפורא
ἀναφορά
11.13

אנפטי
ἀπαντη
21.27

אסטרטייה
στρατιά
48.21

אסטרלגיא
ἀστρολογία
14.20

אספטילייה
ἰσοπολιτεία
15.20

אפוטרופוס
ἐπίτροπος
17.11;26.19

אפוטנטריק לינטין,
איפולטונטריקלינון
(איפו טון טריקיליניון)
ὑπο τῶν τρικλινίων
26.11

אפוכי
ἀποχή
51.29;51.31

אפופוסים
ἀπόφασις
44.20;46.7

אפיקרסין
ἐπικάρσιον

Index

בימה
βῆμα

22.9

אפריון
φορεῖον

20.2

אפנטיסון
ἀπάντησον

31.22

אפרגיה
ἀπαγία

41.6

אפרכוס
ἔπαρχος

14.17;14.46;14.55;
21.10;21.27;21.35;
23.20

אריסטון
ἄριστον

23.20

בוטרגונין
(איסטרונגילון .s)

10.4

בולוס
ὕαλος

11.24

בורגני
burgus, πύργος

16.18

15.46;26.19;26.18

בלינוס (כלינוס)
χαλινός

42.11

בליסטרא
βάλιστρα, ballistra

17.19;17.20;;29/30.31;
49.18

בלקטירין (כלקטירין)
collectarius
χαρακτήριον

15.55;24.3;24.4

בסטייר
vestiarius, βεστιάριος

10.26;10.32

ברברייה
barbaria

15.20

גולייר
galearius

15.9

גינסין, גינוסייה
γενέσια
γένος

15.43;23/24.3;
29/30.10

Index

גמיקן
γομικά
γαμικόν

15.43

גרמיסין
γράμμα

10.34

דוכוס
dux

14.17;14.46;15.55;
21.10;21.27;21.35;
31.18

דורון
δῶρον

44.20

דיאו
Deo

15.21

דימו
δῆμος

15.21

דילטוריה
delatoria

33.15

דימוסיא, דימוסיאות
δημόσια, δημόσιυς

5.33;51.28;51.29

דינרים
denarius, δυνάριον

22.15;22.16;22.17;
23.20

דיסקרין
δισκάριον

14.31

דיפלומטרין
privatarium

10.13

דיפתראות
διφθέπα

8.2;11.2

דכסומני
δεξαμενή

4.8

דרולמסייא
ἀνδρολημψία

17.19;17.20

הדיוטים
ἰδιώτης

6.7;14.14;23/24.1;
23/24.2;47.8

הימנון
ὕμνυς

2.2

וילון
velum, βῆλον

48.21

Index

5.10

טרקלין
τρικλίνιον, triclinum

31.4

כוליירים, הכו לייד בים
(כולויירכים)
χιλιαδων, χιλίαροι

49.14

כיליארים
Χίλιοι χιλιάλων

21.20

כילופיס (כילופים, פוליפוס)
Χίλιοι

23.6

ליגיון
legio

17.19;17.20;49.17

ליטרא, ליסטרי
λίτρα

16.12;18.2;23.20;
29/30.32;52.11;
52.23

לינוס (ליטס)
λιτός

48.37

ליסטים (ליסטיס)
λῃστής

12.12;14.19;29/1.6;
29/30.26;40.12

טבלא
tabula, τάβλα

9.2;16.11

טבלרין
tabellarius

21.25

טבריטי
θεωρητής
θεωρηταί

52.12

טורנוס (מורנוס, מירוס)
τόρνος, tornus; (miror)

21.12

טירוניא
τυραννία

15.42

טירונים
τυραννία

15.20

טכסים
τάξις

17.19;49.16

טמיון
ταμετον

10.13;10.14

טריסקל
τρισκελής

Index

μυστήριον

5.3;21.32

מרגליא
μάργελις, margarita
23/24.15

נוטריקא, נזמיקו
νοταρικόν, νομικος,
notarius

21.29

נילוס
Νῖλος

6.2

נימוס
νόμος

23/24.1;23/24.3

נפט
νάφθα

17.19;49.18

נרתק
νάρθηξ

15.45

סודריה
σουδάριον

22.16

סופיסטוס
σοφίστης

21.20

מונגינוס
μονογενής

10.20

מטרה
μήτρα, matrix

12.9

מטרונה
matrona

5.26;18.15;21.34;
21.36;22.3;23.10;
31.10;52.19

מיומם, פיום
μαϊουμᾶς

21.24

מיטטור
μητάτωρ
metator
48.7

מילירדים (כיליאדין, מיריאדין)
χιλιάδες

21.20

מילין
μίλιον

51.29

מלטמיא
μελίτωμα

16.8

מסטירין

Index

סילון
σωλήν

5.37

סילקראות, סריקאות;
סליק דאות
σιρικός; silicarius

25.15

סינפא (סונפא)
συμβάλλω, συμφύον?

29/30.31

סנהדרין
συνέδριον

10.3;10.5;11.12;28.1;
28.2;33.49;51.12

סניגוריא
συνηγορία

10.16;10.21;21.33;
33.17;40.43

סניגורים
συνήγορος

11.16;15.46;40.16;
40.24;44.22

סנפירינין
σαπείρινον

32.7

סקפטורים
exceptor
σκέπτωρ, ἐσκέπτωρ
15.46

פאופריא

ἀπόφασις

46.6

פולטומין (פוליטו)
πολιτευομενός

7.8

פוליסופוס
πολλή-?
σοφός?

23.6

פונדוק
πανδοκεῖον
23.6

פוריא, פריה
φορεῖον

43.16

פורפירא
purpura, φορφύρα

5.26;10.26;10.32;
45.4

פטרבולי
πατρόβαυλοι, πατροβουλή

23/24.14;23/24.15;51.29

פידגוג
παιδαγωγός

10.20

פילוספס
φιλόσοφος

23.9

Index

פילקיות
φυλακή
17.19;17.20;42.15

פיסאטה
fossatum, fossata
49.17

פלומטרין
privatarium
10.13

פלטין, פלטרין
palatium, παλάτιον;
praetorium, πραιτώριον
3.17;5.15;8.3;14.44;
14.45;15.33;21.10;21.36;
26.14;29/30.30;39.4;
39.5;52.19

פלסתר
πλάστηρ
3.20

פמליא
familia
21.19;29/1.7;29/1.8;
34.7;35.5

פסילוסא
ψελλός
29'30.8

פרגמטוטין
πραγματευτής
15.6;52.15

פרגמטייה
πραγματεία
21.16;41.6

פרובטייה
προβατεία
16.13

פרוטי
πρώτη
51.28

פרוסטימא
πρόσταγμα
33.25

פרוקופי
προκοπή
8.8;14.17

פרוקפאות
προκοπή
43.14

פרקליט
παράκλητος
16.69;52.12

קוברניטוס; קברניטים
κυβερνήτς
47.20

קוזמוקרטור, קוזמוקלטור
κοσμοκράτωρ
33.56

Index

קומסקרטור
comes praetorii

18.17

קומוספנטיון
comes privatorum

18.17

קוזמ֫ין
κόσμάριον

12.18

קולר
collare

29/1.5

קומפון
campus

21.9

קונטסי
contus, χοντός

12.27

קוסטרני
quaestionarius

10.20

קוסמוקרטור
κοσμοκράτωρ

3.18

קורדייקון
κόρδαξ, corticea

23/24.12;23/24.14

קורקסין
circus, κίρκος

6.2

קטיגור
κατήγωρ
20.12;40.10;40.17

קטיגוריה
κατηγορία
40.16

קטריקי
κατηγορέω
10.29;10.38;14.41;
45.3;51.18

קיטאות
κοίτη
48.37

קילווסים
κέλευσις
10.20

קיסר
caesar, Καῖσαρ
23/24.1

בקיר׳ (קירוס)
καιρός
6.8

קיריוסים (קרייסי)
curiosi

Index

תורמוס
θέρμος

3.17;8.2

קלוניפי, קלי נימפי
καλή νύμφη

23.9

תורמסרא
thermasarius

41.3

קלסתר
χρύσταλλος

22.9

תיאטרון
θέατρον

14.31

קנטרא
κεντηνάριος, cetenaria

6.2;52.5;52.22

1.8;7.1;18.15;25.6;
29/1.7;29/1.8

Subjects

קנטורים
centurio, *κεντυρίων*

אב

49.14

26.17;28.15;52.7

קנטירין
κεντρόω

אב בית דין

22.10

8.9

קניגיזי, קניגאי
κυνηγεσία, *κυνηγός*

אבות

52.12

4.8;8.10;10.17;10.21;
11.16;12.12;14.27;14.45;
15.25;17.14;21.16;
27/28.5;30.3;;31.13;
31.14;33.37;39.3;39.4;
40.10;40.19;40.20;42.1;
44.18;47.12;48.34;49.15

קקבטין
accubitum, *ἀκκούβιτον*;
panis cacabacius

16.9

אבות העולם

קרקסיאות
κίρκος

1.8;37.2;50.7

אבילי ציון

52.5;52.22

Index

52.5;52.7;52.20;52.24;

34.2;34.5;34.6

אומן

אגדה

10.4;10.5;11.8;14.21

51.15

אורים ותומים

אדם הראשון

8.15;8.16;51.22

5.20;7.2;7.3;14.22;14.23;
14.31;15.8;20.12;21.7;
23.1;23.15;23.16;36.4;
40.5;40.9;40.10;43.6;
46.3;46.4;50.14

איות נונא (איותנטא)

9.5

אדר

איזבל

10.1;10.2;11.1

4.5

אוהל מועד

אייר

6.10;11.4;23/24.7;
29/30.6;47.9

20.3;20.5;52.7;53.3;53.5

אלול

אומה ורשעה

46.1;46.2;52.7

13.3

אמבטי

אומות (העולם)

12.26

1.8;1.16;5.2;5.3;6.15;
9.5;10.10;10.13;10.14;
10.26;10.28;10.32;11.9;
11.10;11.21;11.24;11.26;
12.11;14.10;13.11;13.12;
15/1.5;15.2;15.6;15.13;
15.20;15.26;15.41;16.11;
17.17;17.24;19.5;21.2;
21.21;21.29;21.35;21.36;
21.38;22.10;23.3;23.4;
23/24.1;23/24.7;28.3;
28.11;28.12;28.14;30.7;
30.9;30.10;31.18;32.3;
35.7;36.3;36.6;36.7;36.8;
36.9;37.2;27.4;40.12;
40.19;40.24;40.40;41.4;
42.25;43.13;45.2;45.3;
48.6;48.39;50.7;52.4;

אימהות

12.9;12.10;12.12;47.22;
47.23

איסור

7.7

אמת

13.10;14.9;14.10;15.11;
22.14;22.16;33.11;35.4;

Index

15.32;15.35;42.18

בירה

14.5

בית דין

15.19;15.46;41.1;41.2;
43.14

בית חיינו

1.4

בית כנסת

2.7;3.10;15.14;15.23;
22.7;25.8;26.6;41.15;
52.5;52.18;52.21;52.22

בית מדרש

2.7;15.14;15.23;15.24;
21.35

בית ספר

8.9

בית עולמים

29/30.6

בכור

3.33;5.6;5.11;5.28;12.13;
17.2;17.10;17.11;17.12;
17.13;17.14;17.15;17.20;
25.4;33.61;49.5;49.6;
49.7;49.8;49.13;49.15;
52.4;52.21

בכורה

40.17;43.4;43.13;48.24;
49.16

אסור

2.1;3.1;5.1;6.1;10.4;
10.6;11.1;21.49;22.9;
25.1;25.14;

אריה

14.12;27/28.4;50.9;33.65

אריה (מזל)

27/28.4

ארנבת

14.12

ארץ ישראל

1.5;1.8;1.10;1.11;1.12;
1.13;1.14;1.15;1.19;6.16;
15.11;15.32;22.2;23.21;
27.1;28.7;28.8;28.11;
28.12;31.11;33.1;35.8;
47.16

אשם

5.13;11.13;50.10

אתרוג

51.6;51.13;51.18;51.23

בוקר (תפילה)

1.5;1.6

ביכורים

40.13;40.21;42.1;42.7;
43.22;43.25;46.4;46.5;
47.16;48.4;48.10;48.11;
48.25;48.30;50.5;51.3;
51.22;51.23;51.24

בראשית

6.13;16.11;16.16;21.52;
23.9;48.27;50.7

ברית

11.8;12.18;15.5;21.56;
23.10;28.4;40.10;40.37;
47.27;52.14

ברך, ברכה

1.1;3.8;3.21;3.23;3.23;
3.25;3.27;3.28;3.31;3.32;
5.31;5.32;5.33;5.34;5.38;
5.39;7.7;7.12;9.1;9.2;
10.35;10.36;11.12;11.26;
12.1;13.1;15/1.1;15.24;
15.39;16.11;17.7;20.14;
20.15;22.11;23.13;23.14;
23.15;23.17;23.19;
23/24.9;23/24.10;25.13;
25.14;26.17;29/30.6;
33.30;37.8;39.5;40.1;
40.37;41.7;42.23;43.1;
43.2;46.2;46.3;46.10;
47.23;50.4;50.15;50.16;
52.1;52.3;52.4;52.7;
52.15;52.21

בשר ודם

5.5;5.33;6.4;6.14;6.16;
8.2;29/1.2;44.3;44.4;
44.6;44.20

בת קול

35.1

12.8;12.13;25.3

בלוט

6.17

בן דוד

15.37;15.38

בעל

4.6

[ברא]

ברא, בריית העולם

5.10;5.20;5.23;6.9;7.6;
7.8;14.22;14.25;14.31;
15/1.2;15.1;15.2;16.11;
20.5;20.7;21.13;21.23;
21.30;21.45;21.47;21.49;
21.50;21.52;21.53;21.54;
21.55;21.56;21.58;22.2;
23.1;23.9;23.11;23.12;
23.16;23.17;23.18;23.19;
24.9;26.1;26.2;27/28.2;
28.9;29/30.1;31.26;
31.27;33.8;33.32;33.36;
33.37;33.38;33.39;33.46;
33.50;36.2;36.4;37.7;
37.8;40.5;40.6;40.21;
40.23;42.1;42.5;42.6;
43.24;44.3;44.14;46.1;
46.5;46.7;46.8;48.4;48.7;
48.30;49.9;50.1;51.4;
51.22;51.23;52.11;53.5;
53.7

בריות

6.9;7.6;11.23;12.3;14.31;
15.35;16.5;16.8;17.1;
17.2;17.10;18.2;23.12;
27/28.1;30.7;31.27;33.8;
38.2;40.2;40.3;40.9;

Index

בתולה (מזל)

20.6;53.6

[גאל]

גאל, גאולה, גואל

4.4;15.10;15.11;15.14;
15.17;15.18;15.19;15.20;
15.26;15.41;15.42;15.43;
17.7;19.2;30.3;31.14;
31.16;31.25;33.24;33.25;
33.30;33.32;33.35;33.36;
33.36;33.38;33.40;35.8;
36.8;36.9;37.9;39.1;
40.44;41.7;41.15;41.17;
41.18;43.16;43.18

גדי (מזל)

20.6;53.6

גוי, גוים

1.7;3.21;3.22;3.25;10.11;
10.13;11.26;12.11;14.1;
14.6;14.48;15.41;16.15;
21.22;21.31;23/24.16;
27/28.5;28.4;29/30.23;
29/30.33;34.1;34.2;34.5;
35.7;36.9;42.10;42.17;
42.25;48.1;48.2;48.3;
50.3;52.2;52.3;52.4;52.5;
52.22;52.23

גולה

3.27;9.8;15.33;21.20;
28.5;35.2

גזירה

10.21;14.44;22.1;22.2;
30.6;34.3;47.1;47.2;47.3;
47.4;48.7;48.9;49.22;
50.14

גיהינם

1.11;1.12;10.14;11.24;
15.3;15.4;20.6;20.7;
20.21;23/24.11;36.2;
37.6;41.9;50.2;50.5;
52.12;53.6;53.7

גינת אגוז

11.3;11.8;11.9;11.10

גלוי

13.16;15.6;20.13

גלות

4.4;6.4;8.18;14.49;16.15;
26.7;27/28.8;31.28;
48.11;50.16

גמילות חסדים

5.9;11.4

גמל

14.12;14.22

(גן) עדן

14.31;14.32;16.7;
23/24.111;34.7;37.5;
46.6;48.4;50.4;52.12

גר (גרות)

11.7;15.20;35.7;42.5;
43.14;43.24

דברי הימים

11.14

Index

דגים (מזל)

20.6;53.6

דין

5.4;8.6;10.3;12.1;12.26;
13.11;15.4;18.2;20.7;
21.7;24.7;28.4;31.9;33.4;
33.5;33.6;33.7;34.8;40.3;
40.10;40.16;40.17;40.19;
40.24;40.43;42.13;46.4;
46.6;48.6;49.12;50.5;
51.21;53.7

דור

5.9;5.10;5.21;14.39;
15.37;15.38;15.39;18.13;
18.14;21.54;21.55;21.57;
22.8;23.1;29/30.14;
31.26;33.10;34.6;36.2;
36.3;37.5;37.8;40.4;40.9;
41.9;43.29;47.20;48.36;
50.6;51.4;51.22;51.26;
52.13

דור אחרון

51.21;51.23

דור אנוש

23.16;40.5;42.21;48.9;
48.10

דור המבול

9.7;12.3;23.16;40.2;
40.17;42.6;42.10;42.22;
48.10

דור המגדל

48.10

דור המדבר

50.6

דורו של מרדכי ואסתר

51.23

דורו של נח

14.10

דור הפלגה

5.21;23.16;40.3;40.5;
40.17;42.22;

דלי (מזל)

20.6;53.6

הדלקת הנר

43.10

דמאי

25.1

דרך ארץ

5.14;15.48;52.21

הוד

5.29;9.6;10.18;29/30.28;
37.7;47.14;51.9

היכל

3.28;4.10;26.16;36.6

Index

40.2;40.15;40.19;40.20;
44.18;45.3;46.2;47.20;
47.21;47.22;47.23;47.25;
47.26;47.27;48.33;48.34;
48.35;50.1;51.14;52.13

זקינים

35.2;35.1;40.29

חג

3.9;14.35;39.7;51.18;
52.1;52.7;52.14;52.19;
52.20;52.24

חול המועד

1.1

חוק

4.12;14.1;14.15;14.16;
14.39;14.40;14.41;14.44;16.16;
18.4;21.56;22.2;
22.11;46.4

חזיר

14.12;14.13;14.34

חטאת

5.16;14.37

חי העולמים

22.10;31.2

חירות

8.7;49.12

חכמה

הלכה, הלכות

10.4;29/30.1

הלכות התורה

10.3

הלל

2.2;51.26

זאב

9.6;33.65

זבח

5.11;5.13;15.55;48.1;
48.2;48.3

זהובים

14.1;14.2

זוניאות

10.15

זכור

12.1;12.2;12.4;12.5;12.6;
12.11;12.22;12.23;12.24;
12.25;12.30;13.2;13.14;
29/1.1;39.4;39.5

זכות

4.2;4.3;4.8;4.12;8.10;
10.3;10.5;10.23;10.35;
11.2;12.12;12.17;12.18;
12.19;15.7;15.23;15.25;
17.14;18.10;18.13;21.59;
23.21;27/28.4;33.18;
34.4;34.5;34.7;34.8;37.9;

Index

5.38;12.1;18.19;32.1;
32.2;32.4;37.5;50.4

(מר)חשון

6.11

חשמונאים

2.2;2.12;6.1;6.11;15.55

טבל

25.1

טהור

8.9;10.4;12.26;14.10;
14.11;14.14;14.33;14.48;
14.49;16.2;16.16;21.14;
21.15;37.5;43.9

טורפין

10.34

טלה (מזל)

20.3;27/28.4;53.3

טמא

10.4;11.8;12.26;14.11;
14.12;14.14;14.33;14.37;
14.40;14.43;14.44;14.49;
21.14;21.15;33.14;33.15

יבם

29/30.32

5.18;14.15;14.16;14.18;
14.21;14.30;21.12;25.3;
29/30.4;46.8;46.10;
49.20

חלה

43.10

חמה

2.1;2.12;4.8;8.5;11.20;
14.31;15.1;15.2;15.38;
18.2;20.7;23.2;23.17;
23.28;42.16;51.16;53.7

חמור

31.18;34.8

חמץ

8.5

חנוכה

2.2;2.3;2.12;3.1;4.1;
6.1;6.11;8.1

חס ושלום

23.30;9/30.3;44.7;44.14;46.5

חסד

5.9;5.10;11.4;12.9;16.1;
26.4;26.14;28.11;
29/30.3;32.2;37.9;39.7;
42.25;45.7;47.5;47.8;
47.10;48.24;52.11;52.18

חסידים

2.4;2.5;2.9;5.36;5.37;

Index

יהודי

13.9;13.15;14.2;14.28;
14.45;36.9

יום זבול נילוס

6.2

יום טוב

3.9;15.2;22.11;22.12;
22.13;23.20;50.4;51.2;
52.1;52.17;52.21

יום הכיפורים

11.6;14.28;23.2;23.13;
23.18;38.1;40.21;40.22;
45.1;45.2;45.3;45.6;
47.21;47.23;47.24;50.15;
51.24;51.31;52.15

ים, ים סוף

5.10;7.10;8.18;10.10;
12.18;12.24;15.11;15.15;
15.16;15.21;15.29;21.12;
21.23;21.24;21.31;21.34;
22.2;23.12;29/30.6;32.9;
33.29;33.52;46.8;47.6;
47.7;47.8;47.20;48.11;
50.6;50.9

ירושלמי

23/24.12

ירח

10.4;15.1;15.44

יצר טוב

11.21;41.14

יצר רע

8.5;9.6;14.40;41.14;
48.16

ישועה

10.27;10.28;15.30;18.4;
18.17;21.27;34.7;35.9;
37.7;41.7;41.13;42.25;
46.10;52.16;52.24

כבוד

2.4;2.5;2.6;3.17;3.18;
3.19;3.36;4.10;5.12;5.23;
5.38;5.41;7.2;7.3;7.4;
7.5;10.5;10.17;10.18;
10.27;10.28;10.30;10.39;
11.21;12.1;12.11;12.15;
12.26;12.29;12.47;13.13;
14.17;14.18;14.34;15.7;
15.8;15.23;15.24;15.34;
16.13;16.21;17.2;17.5;
18.19;20.1;20.3;20.4;
20.7;20.14;20.15;20.17;
20.20;20.21;21.2;21.3;
21.21;21.32;21.46;21.47;
21.50;21.58;23.5;23.15;
23.16;23.22;23/24.6;
23/24.9;23/24.10;
23/24.12;23/24.13;
23/24.16;23/24.17;24.3;
25.6;25.8;25.16;26.5;
26.11;27.6;28.13;29/1.1;
29/2.2;29/30.6;29/30.10;
31.10;31.14;31.16;31.28;
32.1;32.1;32.3;33.3;33.8;
33.18;33.48;33.50;33.54;
33.61;33.67;33.69;34.5;
35.2;35.5;35.6;36.1;36.2;
37.2;37.2;37.3;40.32;
44.21;44.22;47.6;47.8;
47.14;47.16;47.17;47.18;
47.19;48.16;48.17;48.20;
48.21;48.32;49.3;50.1;
50.4;51.14;52.1;52.17;
53.1;53.3;53.4;53.7

Index

כהונה	**כנסת ישר׳**
	8.9;15.14;21.38;23.13;
5.28;7.6;	26.4;28.3;30.2;30.5;
	33.36;35.1;35.4;36.1;
כהונה גדולה	36.2;36.6;36.7;37.9
14.38	**כופר**
	10.37;10.38;16.21;30.9;
כהן	33.16
2.3;3.17;5.31;8.16;14.5;	
14.14;14.36;14.38;14.49;	**כפר, כפרה**
15.24;18.5;18.12;21.42;	7.1;10.2;10.29;10.30;
25.2;26.8;26.10;26.11;	10.34;10.39;11.6;12.14;
26.20;27/28.6;29/1.1;	14.10;14.44;19.2;22.7;
31.13;33.66;35.1;35.2;	23/24.3;25.16;27.5;38.1;
40.30;47.16;47.24;50.16;	45.2;45.5;45.7;46.8;
51.7	47.23;48.29;48.32;52.10
כהן גדול	**כסליו**
2.2;7.1;14.14;14.43;	6.10;6.11
33.47;43.9;47.18	
	כרובים
כינים	7.3;8.2;29/30.2;33.58;
17.19;21.50;31.20	47.17
כישוף, מכשף	**כרוז**
14.7;14.21;14.43;21.42;	5.15
44.22	
	(ספר) כריתות
כלאים	44.13
11.1;11.2;14.40;15.13;	
25.4;42.24	**כרם**
	10.8;13.14;29/30.13;
כלב	29/30.26;50.8
1.20;12.25;17.12;48.29;	
50.9	**כשר**

Index

26.20;31.13;33.12;35.1;
35.2;43.16;46.9;47.8

לויתן

16.7;23.12;42.25;48.31

לולב

3.9;23/24.10;41.4;51.5;
51.8;51.18;51.23;51.31

לשון קדש

14.22

לשכה

10.1;14.5;14.14

מאזניים

5.2;13.10;21.58;45.3

מבול

5.21;6.11;20.1;29/30.7;
53.1

מגילת אסתר

13.1

מגילת קינות

31.9

מדבר

4.7;10.12;11.4;12.26;
13.13;15.31;15.38;22.10;
23.3;29/2.1;33.40;
33.46;33.48

39.1;39.2;48.39

כתובים

1.8;12.10;46.8

לב, לבב

1.18;1.19;3.16;3.20;5.36;
7.1;10.29;10.38;10.39;
12.16;14.8;14.16;14.17;
14.18;14.20;14.29;14.46;
15.7;15.10;15.14;15.55;
15.56;17.7;17.22;18.2;
18.4;18.4;18.21;20.20;
21.25;21.36;22.6;22.15;
24.9;26.2;26.6;26.17;
26.23;29/30.15;29/30.21;
30.8;30.9;31.1;31.2;31.4;
31.28;33.1;33.67;33.69;
34.3;34.7;35.31;36.4;
37.4;37.8;40.34;40.39;
41.14;42.7;42.11;43.4;
43.5;43.19;47.25;49.1;
50.10;51.7

לבוש, לבש

7.818.6;18.17;20.19;
23.5;37.1;37.7;37.8;
47.16

לבנה

2.12;8.5;11.20;15/1.3;
15/1.4;15.1;15.2;15.49;
51.16

לוחות (הברית)

5.32;10.16;12.18;20.9;
33.48

לוי, לויים

4.4;5.4;5.22;7.11;8.10;
12.7;14.38;21.17;25.2;

מדינה

1.12;5.15;5.33;15.4;26.4;
26.24;30.1;37.6;49.16;
49.17;49.18;49.19;50.2;
50.5;50.13;51.27;51.28;
51.29

מדרש מזמור

45.1;51.25

מדרש פרשת ...

19.1;39.1;40.1;42.1;43.1;
44.1;47.1;51.1;51.1;52.2

מדרש רבות

18.1

מוסף (תפילת המוספין)

4.1;52.23

מועד

1.1;11.17;14.41;15/1.1;
15/1.2;15.1;15.46;15.47;
15.14;16.17;16.22;22.11;
28.2;28.3;52.7;52.20;
52.20;52.21;52.25

מותר

5.28;8.1;10.4;14.1;14.11;
14.40;21.49;22.12;23.8;
23.25;23/24.15;23.24;
31.1;52.1

מזבח

4.3;4.9;4.12;5.11;5.14;
5.22;7.1;7.8;7.13;11.17;
12.17;14.5;15.28;21.42;

26.10;26.19;33.16;33.58;
40.30;40.36;41.4;43.6;
43.7;48.28;48.29;51.10;
51.25

מזוזה

25.4

מזיקים

5.34;6.9;6.16

מזל

4.3;11.18;11.19;20.3;
29/30.10;40.44;43.2;
53.2

מזמור

2.1;9.3;31.17;39.2;45.1;
45.2;46.4;46.6;50.14;
51.25

מחשבה

15.3;15.5;15.6

מטה

3.35;5.28;10.16;11.4;
15.31;15.46;20.24;
46.10

מידה, מדות

5.33;16.2;22.6;23.4;
23.28;24.9;34.7;37.2;
39.4;40.4;40.22;40.23;
44.3;44.6;46.2;47.12;
48.24;50.5

מידת הרחמים

Index

14.30;31.17;39.2;40.4;
40.6;40.7;40.18;44.2;
44.3;44.19

מידת הדין

14.30;17.19;28.1;31.7;
38.2;39.2;40.6;40.7;
40.18;44.2;44.19;44.22;
47.11

מידת הפורענות

44.22

מילה

11.16;12.23;13.2;13.16;
14.27;14.28;15.15;17.7;
31.30;23.9;29/30.6;
33.44;47.22;52.13;52.15

(עשר) מכות

12.18;21.50;29/30.6

מלאך

5.2;3.33;5.40;6.10;8.2;
10.15;10.16;10.23;14.8;
17.3;17.4;17.16;20.8;
20.11;20.16;21.22;23.26;
25.15;25.17;26.18;
27/28.5;31.25;33.3;
33.17;33.50;35.5;40.7;
40.38;42.5;42.6;42.7;
42.13;42.25;44.16;
48.32;49.22;

מלאכי הזעף

10.18

מלאכי חבלה

10.22;22.18

מלאך המות

20.18;39.1;42.21

מלאכי צבאות

15.9

מלאכי השרת

5.29;6.9;8.15;8.17;14.22;
15.46;17.2;20.14;20.16;
20.17;20.20;21.27;
27/28.6;28.11;29/30.5;
31.14;32.10;33.14;33.45;
35.3;35.5;37.7;47.16;
47.21;48.4

מלך

1.2;1.7;1.20;5.5;5.15;
5.21;5.26;5.31;5.32;5.35;
6.1;6.2;6.3;6.4;6.6;6.7;
6.10;6.16;6.19;8.2;8.10;
10.13;10.20;10.21;10.26;
10.31;10.32;11.4;11.9;
11.12;11.13;11.15;11.16;
11.21;11.25;12.18;12.25;
12.30;13.2;13.3;13.9;
13.12;13.15;13.16;14.10;
14.17;14.21;14.23;14.44;
14.45;14.48;15/1.1;
15/1.2;15/1.4;15.7;15.9;
15.10;15.20;15.34;15.36;
15.39;15.43;15.44;15.45;
15.53;16.3;16.8;16.12;
16.13;16.14;16.17;16.18;
18.9;18.10;18.16;18.17;
19.1;20.2;20.3;20.8;
20.11;21.3;21.9;21.10;
21.23;21.24;21.27;21.31;
21.32;21.34;21.35;21.36;
22.1;23.3;23.6;23.20;
23.24;23/24.2;23/24.3;
23/24.4;24.6;26.7;26.8;
26.12;26.13;26.14;26.15;
26.19;26.20;27/28.1;
27/28.3;27/28.4;28.11;

Index

23.27;26.6;30.10;31.6;
33.7;36.2;39.7;40.5;
40.6;40.15;42.1;44.16;46.1;
46.9;48.36;48.39;52.7;
52.22

מעשה בראשית

7.7;21.52;21.53

מעשה העגל

14.24;14.33;14.44;40.17

מעשים טובים

5.22;15.19;18.2;26.14;
32.5;40.15;50.5;51.13;
51.17

מעשרות

5.6;23.21;25.1;25.5;
25.10;25.11;25.13;25.14;
52.25

מעשר ראשון

23/24.10;25.1;25.2;
25.12;25.13

מעשר שיני

23/24.10;25.1;25.2;
25.12;25.13

מצוה

3.9;8.17;9.1;9.2;9.3;
11.2;11.7;13.1;15.14;
15.15;15.40;17.7;18.1;
18.2;18.3;18.11;18.12;
18.13;18.14;18.15;21.6;
21.7;21.38;22.4;22.7;
22.10;22.11;23/24.4;
23/24.5;23/24.6;25.3;

28.13;29/1.3;29/1.4;
29/1.5;29/1.9;29/30.30;
30.4;31.24;25.5;25.15;
31.26;31.10;32.11;33.6;
33.7;33.8;33.9;33.51;
33.55;33.56;33.43;33.46;
33.57;33.66;34.1;35.2;
35.9;34.5;36.1;36.8;37.7;
41.6;42.3;42.8;42.13;
42.15;42.16;44.7;44.8;
44.19;44.20;47.2;48.4;
48.5;48.17;48.21;48.26;
48.34;50.12;50.13;51.19;
51.20;51.22;51.27;51.28;
51.29;51.30;52.19;
52.23

מנורה

8.1;8.9;15.49

מנחה

1.6;4.8;7.7;16.16;
29/1.7;50.10;52.17

מעלן(ל)

3.32;4.5;5.23;5.29;5.40;
7.4;9.7;12.23;13.2;14.33;
20.4;20.19;21.14;21.19;
21.52;21.53;21.55;28.10;
33.54;40.30;42.5;42.6;
47.12;47.13;53.4

מעשה (אותו המעשה)

7.11;10.15;10.18;10.22;
10.27;10.28;11.24;14.24;
14.44;15.9;29/30.13;
33.12;48.25;50.11

מעשה, מעשיו

8.2;12.1;12.13;12.14;
12.22;12.28;15.13;
15.54;16.6;16.15;19.3;19.5;
21.33;22.19;23.4;23.16;

Index

16.15;21.15;21.17;34.4;
38.1;51.5

משפט

4.12;5.4;6.6;12.21;
14.40;15.46;17.5;17.6;27.7;
23/24.16;26.18;29/30.7;
31.22;40.15;40.17;49.2;
49.3;49.5;49.4;49.5

מתרגם

5.1

נביא

1.1;1.3;1.15;3.32;4.3;
4.4;4.6;5.25;6.1;8.8;
11.8;11.15;13.17;17.3;
18.9;26.1;26.3;26.5;26.9;
26.12;27/28.1;27/28.6;
29/1.2;29/1.6;29/30.5;
29/30.8;29/30.14;
29/30.15;31.7;31.27;
32.4;33.3;33.18;33.19;
33.35;33.40;33.41;33.42;
33.43;33.52;40.12;40.22;
40.25;40.44;41.10;42.12;
43.3;44.11;44.12;44.15;
44.20;45.2;48.3;51.22

נביאים

1.8;46.8

נוגה

20.7;23.16;53.7

נותר

10.7

נידה

25.4;25.6;25.7;28.12;
40.13;46.9;47.15;50.5;
51.5;51.18;52.13

מקום

4.8;5.2;8.2;9.8;11.9;
21.26

מקרא

1.15;3.4;3.29;5.1;5.13;
14.24;17.21;20.1;20.10;
26.25;28.1;31.15;34.2;
35.1;36.1;37.1;40.10;
49.19;50.9;50.11;51.15;
53.1

מרכבה

20.14;21.17;21.27;
27/28.6

משיח

1.7;1.9;1.10;1.12;1.15;
1.17;1.19;1.20;11.22;13.3;
15.20;15.25;15.35;15.36;
15.39;21.2;32.11;33.33;
33.37;34.3;34.5;34.7;
34.8;35.8;36.2;36.3;36.5;
36.8;36.9;37.2;37.3;37.4;
37.5;37.6;51.14;51.26

משכן

4.8;5.1;5.4;5.8;5.10;
5.17;5.18;5.19;5.22;5.24;
5.27;5.28;5.32;5.33;5.34;
5.38;5.39;5.40;6.1;6.10;
6.11;6.19;7.1;7.5;7.6;
10.33;15.11;20.19;21.35;
33.12;33.46;46.9;47.8

משנה

3.4;5.1;5.2;5.3;14.34;

11.22

43.10;52.15

נר

ניסן

2.2;2.12;3.1;6.1;8.1;
8.2;8.4;8.5;8.6;8.8;8.11;
8.13;8.14;8.15;8.29;31.2;
31.9;31.12;44.3;46.9

6.10;10.1;10.2;15.40;
20.2;20.3;20.5;34.3;37.2;
49.10;53.2;53.3;53.5

נשיא

נכרי

2.2;3.2;3.34;3.36;5.16;
7.1;7.6;7.8;15.31;52.14

14.27

נשמה

נס, ניסים

1.15;8.2;8.4;22.8;23.26;
31.2;46.6;

4.2;4.9;12.17;12.18;
12.24;25.3;32.8;28.12;
28.14;48.8;48.9

נשר

נסכים

14.12;23/24.5;23/24.6;
47.17

15.32;15.35

סוד שם המפורש

נפלאות

22.20

6.9;10.30;15.3;15.5;15.6

סוכה

נפש

10.1;14.8;23/24.10;
25.4;39.7;51.18;51.31;52.1;
52.17

1.2;1.3;1.19;2.6;5.4;5.5;
6.18;7.10;8.2;8.3;10.3;
10.12;10.21;10.27;10.28;
10.29;10.37;10.38;11.6;
11.19;12.7;12.15;12.17;
14.22;14.27;15.10;16.10;
16.10;16.12;16.14;16.21;
17.16;18.18;21.35;21.47;
23/24.2;25.5;25.7;26.6;
28.1;29/1.1;29/1.5;
29/30.4;29/30.21;31.3;
31.10;31.11;31.12;36.4;
37.3;40.39;43.5;43.24;
43.25;43.27;44.16;47.5;
47.6;48.35;50.8

סוס

12.5;14.12;21.27

סופרים

3.8;14.18;15.38;50.5;
51.1;51.12;51.17

נקמה

סיהרא

Index

29/30.4;29/30.4;30.2;
30.4;30.7;31.10;36.5;
36.9;40.20;41.18;43.6;
44.10;47.12;49.14;49.17;
49.22;

עבודה

5.9;5.28;7.7;9.8;10.33;
21.3;21.45

עבודה זרה

8.5;11.13;12.7;12.28;
14.45;15.18;21.44;24.8;
28.12;28.14;29/1.7;
29/30.1;31.4;31.6;32.4;
33.9;33.10;35.3;35.7;
40.12;43.17;43.18;46.10;
49.21

עגל

10.29;10.30;10.36;10.38;
10.39;14.24;14.33;14.42;
14.44;14.45;20.9;
29/30.13;40.3;40.17;52.7

עוון

1.16;10.23;12.6;12.8;
15.53;16.1;16.20;33.37;
39.7;44.6;44.11;45.2;
45.3;45.4;45.5;45.6;
45.7;48.24;48.34;

עולה

5.11;5.12;5.13;5.14;
16.18;16.20;40.20;
40.27;40.34;47.23;
50.10

עולם

1.3;1.5;1.9;1.20;3.18;
3.33;4.2;5.9;5.10;5.34;

10.4;15.44

סיון

20.2;20.3;52.7;53.2;53.7

סיפרי תורה
see
תורה

סלע

10.2;10.29;10.38;47.17;
47.18

ספר

9.6;13.15;14.39;15.11;
21.35;22.19;23.1

ספר תולדות אדם

23.1

ספרים חיצונים

3.8

סרטן (מזל)

20.5;27/28.4;53.5

עבד

2.2;2.9;4.4;7.5;8.3;
10.10;10.25;11.24;11.25;
11.26;12.2;14.22;14.23;
14.29;14.32;14.39;14.43;
15.7;15.11;16.10;17.3;
17.4;18.15;21.34;21.60;
21.61;23.6;23.20;26.8;
26.14;26.15;27.6;28.9;
28.11;29/1.8;29/1.9;

Index

עומר

15.13;18.1;18.2;18.3;
18.5;18.10;18.11;18.12;
18.14;18.15;41.4

עורלה

15.32;15.34;15.36

עין (רעה)

5.31;5.32;20.6;32.10;
53.6

עכו"ם

1.7;6.18;8.6

עם

1.15;1.16;1.19;3.20;3.21;
3.22;3.24;4.7;5.36;5.37;
5.38;6.19;7.7;7.11;8.18;
9.5;10.3;10.10;10.14;
10.38;11.24;11.25;11.26;
11.27;12.30;13.15;15.12;
15.32;15.42;15.51;15.52;
16.23;19.2;19.3;21.10;
21.28;22.20;25.14;26.9;
29/30.1;29/30.13;29/30.15;
29/30.16;29/30.25;
29/30.26;31.23;33.14;
33.14;33.15;34.7;42.23

ענן

4.5;4.8;5.22;12.26;
14.39;20.11;20.12;20.14;
29/1.8;31.15;33.48;
33.52;40.32

עקרב (מזל)

20.6;53.6

5.38;7.6;7.8;8.4;8.8;9.7;
10.3;10.6;10.10;10.36;
11.2;11.4;11.5;11.19;
11.21;11.22;12.11;12.19;
12.20;12.21;12.24;12.29;
12.30;13.17;14.10;14.15;
14.22;14.31;14.42;
15/1.1;15/1.2;15/1.3;
15/1.4;15.3;15.14;15.25;
15.28;15.29;15.36;15.39;
15.41;15.44;15.48;16.22;
17.24;19.4;20.1;20.5;
20.7;20.12;20.14;20.16;
21.8;21.16;21.17;21.23;
21.26;21.47;21.54;21.55;
21.56;21.58;21.59;22.2;
22.3;23.2;23.6;23.8;
23.11;23.12;23.16;23.17;
23.25;23.27;24.2;24.9;
25.9;25.10;25.14;26.2;
27/28.2;28.2;28.9;28.10;
29/2.1;29/30.7;33.8;
33.10;33.32;33.47;33.56;
33.57;34.5;35.3;35.4;
35.8;36.2;37.7;37.8;40.5;
40.6;40.23;40.27;40.30;
40.32;40.37;41.7;41.12;
42.2;42.3;42.5;42.6;42.7;
42.14;42.15;42.16;43.24;
44.3;46.1;46.3;46.5;46.7;
46.10;48.4;48.7;48.9;
50.5;51.24;53.1;53.5;
53.7

עולם הבא

2.3;2.12;11.4;15.48;
16.11;17.16;21.54;34.8;
44.16;50.8;50.9;50.16

עולם הזה

1.4;1.7;1.8;10.11;11.4;
11.22;13.17;14.41;14.49;
15.56;16.11;21.54;22.20;
23/24.4;23/24.16;25.5;
25.6;29/30.33;31.15;
33.23;35.7;36.7;40.44;
41.8;42.16;48.6;48.11;
50.8;50.9

Index

ערוב

17.20;17.21;21.50;
23/24.6

פיל

20.2

פרד

12.5

פרה

3.3;3.4;14.1;14.2;14.3;
14.4;14.5;14.6;14.7;14.8;
14.9;14.10;14.15;14.19;
14.37;14.40;14.41;14.42;
14.43;14.44;14.45;14.46;
14.47;14.48;14.49;
23/24.16

פרשת הרנינו

39.1

פרשת וייי' פקד את שרה

42.1

פרשת זבים

47.9

פרשת מלך המשיח

31.26

פרשת נזיקין

15.40

פרשת עורלה

15.40

פרשת עמלק

12.30

פרשת עשר תעשר

25.1

פרשת פסחים

15.40

פרשת פרה (אדומה)

14.15;14.37;14.42

פרשת קדשים

10.2;10.36;15.40

פרשת קומי אורי

36.1

פרשת רביעתא

23/24.1

פרשת רני

35.1

פרשת שובה

50.1

פרשת תליתתא

23.1;23/24.1

Index

31.16;32.5;33.10;33.16;
34.6;34.8;35.5;37.5;
40.12;40.29;41.12;41.18;
42.10;42.16;43.20;44.16;
48.6;48.35;50.3;51.7;
51.16;52.7;52.10

ציון

2.2;2.11;5.25;5.35;5.41;
15.36;20.15;26.3;26.5;
26.16;26.17;26.23;26.24;
26.25;27/28.1;27/28.8;
28.1;28.15;29/1.3;
29/30.34;29/30.35;
29/30.6;29/30.21;
29/30.27;29/30.28;
29/30.29;31.1;31.2;31.6;
31.7;31.10;31.11;31.12;
31.13;31.15;31.16;31.17;
31.18;31.19;31.20;31.21;
31.22;31.25;31.26;31.29;
32.6;33.36;33.40;33.65;
33.66;33.67;34.1;34.2;
34.5;34.6;34.7;35.1;35.9;
37.9;41.1;41.2;41.3;
41.15;41.8;41.11;41.13;
41.14;41.16;41.17;41.18;4
4.6;47.7;47.8;

ציצית

14.40

צפרדע

17.19;17.21

צרה

7.8;12.19;13.7;43.27;
43.31;43.32

צרור חיים

2.6

פרשת תנינא

22.1

פרשת תשובה

44.1

פשע

1.16;11.3;16.1;39.7;
44.18;44.20;45.1;45.2;
45.3;45.4;45.5;45.6;45.7

צאן

6.3;15.52;16.6;16.8;
16.9;16.14;25.3;25.4;
26.1;42.18;47.26;48.26

[צדק] צדק, צדקה

2.4;3.17;5.4;9.4;13.10;
14.15;15.14;15.53;16.11;
16.20;17.5;17.6;17.7;
18.14;20.7;25.5;25.6;
29/30.1;29/30.2;29/30.7;
29/30.8;33.9;33.10;
33.11;33.13;33.18;34.5;
40.15;40.16;40.17;42.16;
48.36;51.1;51.24;53.7

צדיק

1.15;1.19;2.4;2.5;3.11;
3.15;3.31;5.22;6.6;6.7;
6.16;8.12;8.13;8.17;
11.20;11.21;12.1;12.9;
12.11;12.14;12.28;14.8;
14.15;14.42;14.43;
15/1.5;15.19;15.53;16.6;
16.10;16.11;16.12;16.14;
18.2;18.13;18.15;19.2;
21.13;21.16;23.1;23.11;
23.12;23.16;23.27;26.7;
26.12;26.20;29/30.2;

Index

קבר

1.8;1.9;1.15;12.1;14.21;
21.16

(ספר) קהלת

18.1;18.2

קדושה, קדוש

14.10;14.11;15.11;15.12;
15.24;15.36;15.40;20.11;
20.12;20.14;21.24;22.6;
25.14;28.12;31.8;31.8;
31.18;39.3

[קדש] קידש, קדושה, קדש

5.16;7.1;7.10;8.1;10.33;
11.23;14.23;14.38;15.1;
15.12;15.46;15.47;17.10;
21.17;21.25;21.38;23.3;
23.5;23.6;23.8;23.13;
23.14;23.15;23.28;
27/28.7;31.1;33.64;
40.20;40.30;43.6;47.7;
47.8;47.19;47.22;47.23;
48.28;51.30;52.1;52.17;
52.25

קדשי הקדשים

8.1;47.16;47.21

קדשים

7.7

קידוש השם

7.10

קידושים

5.31;5.32

קללה

3.18;30.6

קמיע

5.31

קרב

5.11;5.13;6.12;7.1;7.5;
7.8;7.9;7.10;11.17;15.55;
16.14;16.15;16.16;16.17;
16.22;18.15;21.42;29/1.7;
35.3;40.20;40.30;40.34;
40.39;40.42;43.6;47.19;
47.23;48.3;48.14;48.18;
48.28;48.29;48.32;48.34;
48.35

קרבן

2.11;3.2;3.3;5.14;6.12;
7.5;7.9;7.13;14.5;15.3;
15.4;15.14;16.1;16.3;
16.15;16.17;18.12;25.3;
25.4;26.21;29/1.7;40.21;
40.33;40.34;40.36;40.39;
40.42;41.6;48.1;48.2;
48.3;48.14;48.15;48.18;
48.19;48.20;48.22;48.25;
48.26;48.33;48.34;51.25;
51.25;52.12;52.16;52.17;
52.20;52.23

קריאת שמע

40.13

קשת (מזל)

20.6;53.6

ראש חדש

Index

רגל

52.1

רוח הקודש

1.4;3.17;3.29;3.30;3.31;
3.32;3.33;6.2;7.2;10.3;
11.3;20.1;28.1;30.1;33.4;
33.9;33.71;34.1;35.1;
36.1;37.1;42.3;50.1;
50.11;53.1

רוחות

6.16

רופא

11.7

רחמים

3.31;5.36;5.37;10.25;
11.16;13.7;14.10;16.1;
20.1;20.6;20.14;21.19;
31.7;34.2;37.4;38.2;39.2;
40.4;40.5;40.6;40.7;40.9;
40.18;44.24;44.3;44.18;
44.19;50.8;51.8;53.1;
53.6

רשע

1.11;2.5;3.1;3.12;3.14;
8.12;8.13;12.6;12.7;
12.11;12.14;12.15;12.24;
12.26;12.28;12.29;13.2;
13.3;13.9;13.14;14.2;
14.4;14.48;15.30;15.34;
15.36;15.48;15.54;16.10;
16.11;16.13;16.14;17.6;
18.15;18.19;19.2;19.3;
19.4;19.5;20.1;21.13;
23.1;23.11;23.23;23.27;
24.1;24.3;26.12;26.15;
26.16;27/28.1;27/28.5;

1.1;1.5;1.6;4.1;7.7;
15/1.1;15/1.2;15/1.4;
15.1;15.2;15.6;15.11;
15.13;15.16;15.17;15.20;
39.7;50.4

ראש השנה

15.46;26.10;39.1;39.2;
40.1;40.2;40.10;40.11;
40.17;40.19;40.21;40.22;
40.24;40.25;40.41;40.43;
41.2;46.1;46.3;51.2

ראשי אבות

35.1;35.2

רבון העולמים

12.2;12.22;12.30;13.16;
14.18;14.22;14.37;14.42;
15.14;16.21;16.22;19.2;
20.4;20.9;20.12;21.56;
27/28.1;27/28.4;27/28.8;
29/30.25;33.3;33.4;40.4;
40.9;40.26;50.5;50.14;
51.15;51.22;51.30;52.13;
53.4

רבונו של עולם

3.27;9.8;10.14;10.19;
12.8;13.2;13.11;15.46;
19.4;20.17;20.19;21.4;
21.5;21.33;21.38;21.54;
22.8;25.17;26.3;27/28.5;
29/30.7;29/30.13;
29/30.15;29/30.30;30.3;
30.5;30.7;30.9;30.10;
31.1;31.10;31.14;31.21;
31.22;33.23;34.4;34.7;
35.3;35.7;36.1;36.2;36.3;
36.6;37.7;40.8;40.16;
40.40;42.5;42.13;43.19;
44.21;44.22;44.23;49.4;
50.2;50.5;50.14;51.15;
51.22;51.30;52.13

Index

29/1.9;29/30.7;30.6;32.3;
33.7;33.9;33.10;33.11;
33.12;33.18;33.25;34.8;
35.4;35.5;35.7;35.9;36.6;
37.3;34.4;40.2;40.5;40.6;
40.12;40.13;40.28;41.8;
41.9;41.12;44.2;44.14;
44.16;44.17;47.15;47.25;
48.1;48.2;48.3;48.6;
48.36;48.39;50.3;50.4;
50.8;50.10;51.14;51.19;
52.2;52.3;52.6;52.7;
52.10;53.1

רקיע

2.3;4.3;5.20;5.21;5.22;
11.22;20.11;20.12;20.15;
20.19;20.20;21.46;21.47;
21.55;40.21;44.21;51.16

שאול

2.9;18.18;21.55;40.28;
50.1;50.4;50.5

שבט

3.2;3.6;3.20;3.23;3.18;
3.19;3.22;3.24;3.25;3.27;
3.32;3.35;4.2;4.3;4.4;
4.9;4.12;5.4;6.19;7.5;
7.10;7.11;7.12;7.13;
10.36;11.13;11.19;12.13;
12.16;12.17;12.28;13.2;
13.4;13.8;13.17;14.38;
21.17;12.28;13.4;13.8;
13.17;14.38;20.7;21.7;
27/28.5;27/28.6;
29/30.12;29/30.14;
29/30.25;31.11;31.12;
31.27;33.12;33.43;33.59;
39.3;46.9;46.10;47.22;
47.25;50.12;53.7

שבועות

18.4

שבת

1.1;1.4;1.5;1.6;4.1;5.16;
8.10;8.14;11.16;14.6;
14.27;14.28;15.2;21.38;
22.11;22.12;23.2;23.3;
23.4;23.5;23.6;23.7;
23.10;23.13;23.14;23.15;
23.16;23.17;23.20;23.22;
23.24;23.25;23.27;23.28;
23.29;23/24.2;23/24.3;
23/24.12;25.1;26.10;
27.9;34.3;41.2;46.2;
46.3;46.4;46.5;46.6;
46.7;50.4;50.7;50.9;
50.14;52.9;52.13

שדי

3.20;3.21;3.24;5.6;6.19;
16.7;16.23;18.19

שופר

5.5;23/24.10;39.1;39.2;
39.7;40.3;40.10;40.17;
40.18;40.24;40.25;40.43;
40.44;41.1;41.2;41.3;
41.7;41.8;41.18

שוק

2.1;13.13;22.14;29/30.32

שושבינה

11.25;20.8

שחרית

11.18

שטן (סתן)

10.37;36.2;40.35;45.3;
45.4;47.21

שכינה

1.3;1.7;3.20;4.3;4.12;
5.19;5.20;5.21;5.22;5.23;
7.6;10.5;11.4;11.19;
13.13;14.7;14.24;14.26;
14.33;14.38;16.3;16.21;
18.4;21.14;27/28.8;
29/1.1;29/30.8;31.7;
31.14;32.4;33.51;35.1;
35.2;35.6;43.25;46.10;
48.16;48.20;50.7;52.18

שלום

2.5;3.20;5.17;5.36;5.37;
5.38;6.2;6.3;6.8;6.14;
11.21;11.24;12.7;18.12;
20.10;22.2;23.8;26.13;
32.11;32.12;33.11;33.63;
33.70;35.18;35.9;37.8;
39.1;42.3;44.16;44.17;
47.27;49.12;50.15;50.16;
50.17

שלם (שלמים)

5.11;5.12;5.13;5.14;
29/1.7

שם המפורש

22.20;33.46

שמחה

3.31;7.8;18.19;41.7;
51.18;52.19;52.21;
52.23

שמחת בית המקדש

6.11

שמיני עצרת (עצרת)

3.26;52.1;52.2;52.5;

52.6;52.7;52.12;52.15;
52.19;52.20;52.21

שמים

4.5;4.10;5.5;5.6;5.7;5.8;
5.23;5.29;8.2;9.3;11.21;
14.8;14.45;15.2;15.16;
15.36;16.3;17.17;17.21;
18.8;18.9;20.3;20.4;
21.52;21.52;21.54;21.56;
23.4;23.11;23.17;25.16;
27.7;29/30.10;31.6;
31.29;33.25;33.38;40.4;
40.38;42.3;42.4;42.9;
43.25;46.1;46.6;46.8;
50.5;50.12;52.8;53.3;
53.4

שמש

6.11;8.8;12.19;15.1;18.1;
18.2;28.5;29/30.2;48.2;
48.35;48.39;51.7

שעה

1.15;3.2;3.10;3.17;3.18;
3.19;3.34;5.10;5.12;5.19;
5.27;5.36;5.39;5.40;8.6;
8.15;8.16;9.3;9.5;9.6;
10.16;10.4;10.6;10.13;
10.14;10.15;10.18;10.22;
10.23;10.25;10.26;10.32;
11.3;11.10;11.11;11.13;
11.14;11.15;11.16;11.7;
12.2;12.3;12.9;12.11;
12.18;12.30;13.1;13.3;
13.5;13.8;13.11;13.12;
14.10;14.11;14.15;14.18;
14.19;14.21;14.22;14.32;
14.34;14.37;14.42;15.2;
15.8;15.17;15.18;15.20;
15.22;15.28;15.29;20.1;
20.4;20.5;20.6;20.8;
20.10;20.11;20.12;20.14;
20.15;21.9;21.13;21.14;
21.16;21.17;21.31;23.1;
23.6;26.1;26.7;26.8;
26.11;26.13;26.16;26.18;

Index

29/30.2;33.53

שקל

10.1;10.2;10.30;10.33;
10.34;10.39

תאומים (מזל)

20.6;53.6

תוספתא עתיקתא

14.35

תורה

1.8;3.5;3.8;3.9;4.12;5.1;
5.2;5.4;5.9;5.11;5.12;
5.14;5.32;5.34;5.38;7.4;
7.11;8.7;8.14;10.8;10.27;
10.28;10.29;10.38;11.4;
11.12;11.16;12.6;12.12;
12.18;12.22;13.16;14.1;
14.7;14.13;14.14;14.15;
14.16;14.29;14.30;14.33;
14.36;14.39;14.40;14.41;
14.44;15/1.5;15.3;15.4;
15.6;15.7;15.11;15.30;
15.37;15.40;17.5;17.24;
18.1;20.1;20.2;20.3;20.4;
20.8;20.9;20.13;20.18;
21.4;21.5;21.6;21.8;
21.10;21.12;21.14;21.15;
21.20;21.35;21.36;21.38;
21.54;21.57;21.58;22.3;
22.4;22.13;22.19;23.21;
23.29;23/24.4;23/24.5;
23/24.6;24.5;23/24.17;
25.2;25.15;25.16;25.17;
26.7;26.16;27/28.6;
29/2.1;29/30.5;29/30.6;
30.7;30.8;30.9;31.3;32.5;
32.12;33.3;33.4;33.11;
33.36;33.49;33.52;34.4;
34.7;37.5;37.7;40.13;
40.16;41.2;41.7;41.13;
42.5;43.10;44.8;44.13;
45.1;46.1;46.8;46.9;

28.1;28.2;28.3;28.4;
28.9;28.10;28.11;28.12;
28.14;28.15;30.1;30.5;
30.10;31.9;31.11;31.13;
31.18;31.27;33.9;33.10;
33.12;33.13;33.24;33.28;
33.30;33.44;33.45;33.55;
33.56;33.58;33.61;34.5;
34.7;35.7;35.9;36.3;36.5;
36.6;36.9;37.3;37.4;37.5;
37.7;37.8;37.9;38.2;40.13;
41.13;41.14;43.1;43.5;
43.11;43.12;43.14;43.15;
43.21;43.30;46.2;46.5;
46.8;47.5;47.21;48.2;
48.3;48.7;48.10;48.14;
48.16;48.18;48.20;49.11;
50.14;51.21;53.1;53.2;
53.3

שעטנז

14.40

שפן

14.12;14.13

ספר וידבר

10.37

ספר תהלים

5.34;5.38;31.22;41.16

שר החושך

20.5;53.5

שר צבא של מעלן

3.34

שרפים

Index

47.22;47.26;48.3;48.36;
49.4;50.3;50.5;50.6;50.7;
50.12;51.1;51.2;51.4;
51.12;51.13;52.12;52.19;
52.20;52.24;52.25;53.1;
53.2;53.3;53.4

תורת כהנים
16.16

תחיית המתים
12.14;21.9

תחנונים
5.20;7.6

תלמוד
3.5;3.6;21.15;22.13;
23.19;51.15

תמוז
52.7

תמיד
10.1;11.17;15.53;15.55;
16.3;16.14;16.15;16.20;
26.19;48.22

תענית
40.35;52.9

תפילה
2.8;3.20;3.27;4.1;4.8;
5.6;9.3;10.17;11.24;
17.14;18.6;18.7;18.8;
18.9;18.10;22.7;26.12;
33.1;33.2;34.7;37.8;

40.1;40.14;40.15;43.3;
43.7;47.1;47.3;47.4;
47.11;49.1;49.2;50.15;
50.18;51.19;51.20;52.5;
52.8;52.23;52.24

תרגום
5.1

תרומה
10.33;23.21;25.1;25.5;
25.12;25.13;29/1.1

תשובה
7.2;7.3;12.16;15.30;
26.21;28.12;31.7;33.35;
33.43;33.54;35.7;39.7;
40.20;40.21;40.22;40.24;
40.25;41.14;42.1;44.1;
44.2;44.3;44.6;44.10;
44.11;44.13;44.14;44.15;
44.16;44.18;44.19;44.21;
44.23;46.10;47.1;47.3;
50.1;50.3;50.7;50.8;50.9;
50.10;50.11;50.12;50.13;
50.14;50.15;50.18;51.30;
51.31;52.8

תשועת עולמים
4.4

תשרי
6.12;5.27;40.44;50.7

Index

10.8

Exegetical Terms

אין כתוב (כאן) אלא

אבל ב... לא שמענו
יהי כן שמענו

3.8;5.16;5.34;6.13;6.16;
7.13;8.19;10.16;10.26;
10.31;11.25;12.15;14.24;
14.27;15.8;15.9;15.11;
15.24;17.5;17.10;29/1.4;
29/30.14;33.15;40.33;
48.15;48.19;52.25

14.39

אבל הק׳ אינו כן

אין מוקדם ומאוחר בתורה

5.33;10.2;21.24;23.6

22.4

(ד)אורייתא

אית דאמרין

14.27;14.28;22.10;51.3

15.26;24.7

(ו)אחרכך

איפשר (לומר, לדבר)

5.21;5.32;5.33;6.6;8.15;
7.13;9.1;14.16;17.17;
31.13;31.26;44.2;44.6;
44.7;44.10

4.11;10.6;14.9;14.16;
14.25;14.26;16.5;22.1;
23/24.13;25.17;31.9;
31.21;48.5;48.6;48.10;
48.11

אילולי

14.19;15.42;21.59;
27/28.7;47.21;48.31

ואיפשר כן

16.6;20.8;24.7;16.6

אין ... אלא
אינו כן אלא

אי איפשר

12.1;12.22;13.3;14.49;
15.18;16.10;21.54;31.25;
44.20

10.6;23/24.10;27/28.7;
29/1.2;31.3;31.14;31.21;
51.13

אינו אומ׳ (כאן,כן) אלא

אי איפשר לומר

6.8;7.6;10.20;12.17;
12.19;12.20;14.13;21.11;
31.12;40.4;41.9;41.14;
47.18;48.15

28.11

אילמלא מקרא כתוב

אין המקרא הזה אומר ... אלא

Index

28.11

אל תהי קורא כן אלא
אל תקרי ... אלא ...

5.17;7.10;8.7;9.7;10.19;
15/1.2;34.2;34.6;45.5;
51.6;51.16

(אלא) אם כן

2.11;5.3;10.18;15.1;15.2;
21.26

אלא מה כתיב

43.28

ואם ... למה ...

8.15

[אמר]
אמרה תורה

48.3

אמרו לו רבינו

15.19

אמרו רבותינו

10.22;11.13;12.24;13.5;
14.6;19.1

את אמרם

9.7

למימר הדא מילתא

22.10

לא נאמ׳ כן אלא (לא אמ׳ כן אלא)

11.25;12.12

ואם תאמר
ותאמר

14.16;16.4;45.2;29/30.3

ולא תאמר ... בלבד אלא

49.3

תמן אמרין

18.14

אף ... בכלל

18.1

(כן) אף כאן

10.36

(מה ...) אף הכא כן

5.51;17.21;17.22;17.23

אף ... שנ׳ לכאן ...

7.3

אף על פי

5.29;7.8;7.12;9.3;12.1;
12.7;13.6;13.17;14.10;
15.1;23.27;23/24.12;
23/24.13;25.18;28.14;
29/1.3;33.6;34.2;34.3;
34.6;35.4;40.34;41.12;
42.7;42.10;45.1;45.2;
47.17;47.19;48.9;48.16

Index

10.28;17.21;22.5;22.7;
22.11;22.13;33.24;49.7

אין הכת' מדבר

אלא כנגד

35.3;35.7

דומה (למה הדבר דומה)

5.15;5.23;5.26;5.31;
8.13;10.20;10.26;10.31;
12.25;12.26;14.17;14.19;
15/1.1;15.21;15.25;
15.25;15.39;20.2;28.13;
44.7;44.8;45.6;48.9;50.9;
50.13;51.27;52.15;52.19;
53.2

כהדין וכדין

32.8

דעת אחרת

41.18

דעת זו

33.59

כדעת הזו של מעלן

9.7

דעת קשה

48.4

מן דעת הזו

33.59

על הדעת הראשונה

[אתא]

ואתייה (כההיא) ...

22.12;23.15;23.18

מייתי לה מהכה

22.6

בא וראה

1.9;1.20;2.10;6.9;7.13;
10.35;18.3;20.15;28.12;
35.5;48.8;48.9;48.25;
48.28;50.17

בלבד אלא

3.22

בלבד

12.1

בעא

23.21

גזירה שוה

42.15

גמטריקון, גמטריא

43.26;43.27

[דבר]

מדבר (ב...)

Index

31.17

דעתיה

22.19

תדע לך

3.2;9.3;11.13;11.26;
33.29

דרש

1.2;3.13;5.3;6.3;6.15;
6.18;7.12;10.8;12.16;
12.27;14.14;14.29;14.33;
15.53;21.15;21.52;21.53;
22.16;23.5;28.12;32.10;
33.48;33.71;40.33;40.44;
41.17;41.18;42.10;42.13;
42.15;44.21;48.4;48.29;
49.12

דרשני
10.8

הפסוק הזה נדרש ב...

33.9

הדא הוא דכתיב

14.22;14.27;14.28;14.33;
14.38;15.6;15.8;15.35;
15.26;15.34;15.41;16.1;
16.12;17.6;17.9;17.14;
17.16;17.17;18.12;21.4;
21.5;21.6;23.17;23.18;
23.26;23/24.5;23/24.16;
23/24.17;24.2;29/30.3;
29/30.5;31.28;32.11;
51.17;52.6

הורה, הורי (חורי)

14.26;14.27;14.28;15.48;
16.16;16.18

היאך את מקיים

10.17

היאך נאמר

28.12

והיינו דאמרינן

46.3

הלכה אדם מישר'

52.1

זה שאמר הכתוב

5.11;12.3;12.5;12.6;
12.22;12.24;13.11;13.15;
14.8;14.9;16.1;29/30.1;
29/30.16;41.13;42.17;
42.18;42.19;42.20;43.11;
45.3;48.36;48.39;49.3;
49.6;49.7;49.20;49.22;
51.15;52.6

היינו דאמרי'

22.4;37.6;46.3

היך מה דאת אמ'

21.34

הכא את אמ'

23.3

חוקר

Index

14.29

חידוש

5.12;15.51

טעם (מה טעם, טעם אחר, מאי טעמא)

1.17;3.5;15.24;15.27;
15.39;15.46;15.42;15.53;
16.6;16.7;16.15;16.20;
17.9;21.12;21.14;22.11;
22.18;23.15;47.25;52.18;
52.24

את יודע היאך

7.13

יכול

3.7;23/24.7

ילדינו רבינו (רבותינו)

1.1;2.1;3.1;4.1;5.1;6.1;
7.1;8.1;9.1;10.1;11.1;
12.1;14.1;14.5;19.1;25.1;
29/1.1;31.1;33.1;38.1;
39.1;40.1;41.1;42.1;
44.1;45.1;47.1;48.1;49.1

יפה אמר

3.3;18.2;33.30

יפה דרש

42.13

יפה שנו

3.10

כביכול

2.5;5.26;9.7;12.21;15.46;
21.60;24.6;29/1.1;44.2;
46.7;49.12

(הלא) כבר נאמר

23.12

כגון

29/30.31

וכי יש

16.3;16.4

כיוצא בה (בו)

5.24;5.25;33.8

כך

2.7;3.3;3.5;3.11;3.13;
3.21;4.4;5.5;5.27;5.32;
6.2;6.16;8.1;8.2;8.5;
8.13;9.4;10.1;10.3;10.4;
10.10;10.11;10.12;10.13;
10.14;10.15;10.18;10.19;
10.21;10.22;10.26;10.27;
10.31;11.1;11.3;11.7;
11.9;11.12;11.16;12.3;
12.5;12.12;13.13;14.8;
14.12;14.13;14.18;14.20;
14.25;14.44;15/1.4;15.8;
15.16;15.25;15.26;15.48;
15.50;16.17;16.18;16.23;
17.15;18.2;19.1;19.3;
20.3;20.4;20.9;21.4;
21.12;21.35;21.55;22.9;
22.16;23.3;23.5;23.6;
23/24.4;23/24.5;25.1;
25.3;25.11;25.16;25.18;
26.3;28.14;29/30.30;
30.1;31.2;31.22;33.1;
33.4;33.9;33.19;33.21;
33.35;33.41;33.41;33.71;
38.2;39.1;39.3;40.4;40.9;

Index

40.41;40.42;40.44;41.3;
41.18;42.1;42.3;42.12;
43.4;44.1;44.3;44.7;44.8;
44.10;44.14;45.1;46.5;
47.5;47.12;47.20;48.1;
48.4;48.10;49.1;49.3;
50.13;51.4;53.3;53.4

כך היה ראי ואינו כן אלא

14.12

כל דבר

11.10

כל כך למה

23.21;40.27

(ב)כל מקום

5.24;5.25;7.8;16.20;
21.21;32.6;42.5;42.13

כל שכן

8.1;21.58

כלומר

22.9;22.10

כמאן דאמר

22.11

כמה דכת' (שכת')

6.8;8.17;9.7;9.8;11.27;
12.11;13.13;21.9;29/1.5;
29/1.7;29/1.8;29/1.9;
33.44;33.48;33.52;33.53;
33.54;33.55;33.56;33.58;
33.60;33.61;39.3;42.6;

43.29;49.19

כמה דאת אמר (היך מה דאת אמר)

14.24;15.19;15.29;15.42;16.19

כן, (וכן, שכן)

9.7;9.8;10.5;10.15;31.2;
33.50;33.57;45.5

כנגד

8.11;8.18;10.23;11.16;
11.19;12.3;12.4;12.24;
14.18;16.19;20.1;21.16;
21.44;21.46;21.47;21.48;
21.51;28.1;29/30.14;
30.1;31.22;33.38;34.2;
34.7;35.1;36.1;37.1;40.1;
40.22;40.23;40.24;43.10;
43.28;50.11;52.24;53.1

כשם

8.2

[כתב]

כתב מלא

48.3

(ו)כתוב אחד אומר
כת(י)ב אחד
2.8;11.16;14.25;21.19

הכת' אומר

27.1

ש... הכתוב אומר ראה מה אחריו

47.10

Index

(ו)לא עוד אלא

10.28;14.23;31.13

ולא זו אלא

10.30;10.39

להלן

1.18

מה ... שנ׳ להלן ... אף שנ׳ כאן ...

11.17

להלן את אומ׳

17.10

[למד]

ללמד

44.22

יש לך ללמד מדרך ארץ

21.11

ואם אין את למד מכאן יש לך מניין ללמוד

10.33

ללמדך

15.25;35.5;35.9;50.9

לימדה תורה

5.14

(מה) כתוב למעלן

3.10;6.17;8.6;11.11;
25.11;31.21;42.6;42.8;
48.3

מה כת׳ למעלה מן העניין

see
עניין

מה כת׳ למעלן מן הפרשה

47.9

מה (כתיב) אחריו

6.17;9.8;11.25;44.4

מה כת׳ בו

15.10

מה כתיב בתריה

15.39;22.20

מה כתוב בסוף

11.17

בסוף כתיב

30.1

מה כתיב תמן (שם)

29/30.13; 49.10

(ו) כתיב תמן

14.29;52.8

Index

לימדתך

52.21

ולמידים

40.1

אין למדין מן התורה

5.12

מלמד

9.4;14.24;14.39;15/1.3;
15.52;20.17;23.15;28.7;
37.2;37.8;50.6

מלמדת

52.19

למד

16.3;16.4

את למד

אם אין את למד

2.5;2.9;3.24

מניין את למד

19.1

אם אין את' למד מכאן ישלך להתפייס ממקום אחר

31.13

אם אין את' למד מכאן יש לך מקרא מלא

40.10

למדו ששנו ר'

8.1

למדונו (רבותינו)

3.1;4.1;14.1;40.1;43.1

למדת (הא)

14.4;34.4

למדתי

33.29

למה מתני על

16.18

ולמה הוא קורא

15.29

ולמה כן (אלא)

10.26;10.31;10.33

לפיכך

2.7;2.9;5.19;5.23;5.28;
5.29;5.30;5.39;7.3;10.11;
11.14;12.8;12.14;12.16;
17.1;17.2;17.8;18.10;
21.17;21.61;23.19;23.28;
28.7;28.8;31.15;33.18;
33.20;33.43;39.3;40.3;
40.5;40.9;40.15;40.25;
40.32;41.2;41.17;42.23;
43.15;43.30;46.4;47.6;
48.12;49.1;49.11;49.12;
51.5;52.5;52.8;52.15;
52.19;52.23

Index

7.6;8.17;9.6;10.1;10.4;
10.15;10.16;10.20;10.22;
10.28;10.29;10.30;10.36;
11.17;11.18;12.2;12.9;
12.11;12.27;12.28;13.3;
13.5;13.9;13.12;13.15;
14.8;14.9;14.14;14.18;
14.19;14.20;15.5;15.6;
16.9;16.12;16.15;18.13;
20.11;24.7;28.12;
29/30.16;29/30.33;31.5;
31.19;31.20;31.32;33.2;
33.5;33.15;33.26;33.53;
36.1;39.7;40.4;40.22;
40.26;40.27;40.30;40.31;
40.33;40.41;40.42;40.43;
40.44;41.3;41.6;41.10;
43.12;43.28;47.5;47.8;
47.18;47.23;48.5;48.7;
48.15;48.16;48.19;48.32;
48.34;48.35;48.38;49.9;
49.13;49.19;51.20;51.21

מהו אומר על ... אלא מן ...

14.11

מיכאן (אמרו)

22.8;23.5;31.9

מן מה דכתיב

מן הדא דכתיב

21.16;21.25;21.26;21.54

מניין

4.3;5.3;6.1;7.1;8.1;8.2;
9.1;9.3;10.2;12.16;13.2;
14.7;14.15;14.40;21.15
21.20;21.30;22.13;22.19;
23.27;25.3;26.2;29/1.1;
29/1.4;29/30.2;29/30.4;
33.3;33.42;39.2;40.3;
43.3;43.14;44.2;44.3;
44.13;44.22;45.2;47.4;
47.22;47.23;48.11;51.16;

לשון (זה)

21.31;21.32;21.34

לשון משנה

38.1

מאי דכתיב

15/1.3

מאיכן, מהיכן

10.18;11.11;14.10;15.15;
16.3;16.6;16.7;17.7;18.3;42.1;
43.7

מדרש

14.48

כל המדרש כדכתיב

18.1

מה ... אין ... אלא כך

11.21

מה ענה לו ר׳

22.4

מה ראה לומר כן אלא

14.17

מהו

2.7;3.7;3.29;3.30;3.31;
3.32;4.1;4.11;4.12;5.11
5.13;5.19;6.10;6.15;6.16;

Index

51.17;52.1

מסורת אגדה

17.15

מסיע

5.13

מעשה (ב...)

12.1;14.1;14.6;16.15;
23.8;23.15;23/24.12;
23.15;23.20;24.1;25.5;
25.6;25.7;29/30.32;30.8;
32.7;32.9;43.17;48.2;
48.37

מפני מה

22.16;22.20;23.9;23.18

[מצא]

את(ה) מוצא

3.3;3.10;3.35;4.2;4.3;
4.4;4.5;5.24;5.27;5.36;
6.1;6.5;6.19;7.1;7.13;
9.4;10.5;11.2;11.11;
11.12;11.18;12.6;13.2;
14.10;14.22;15/1.3;
15/1.4;15.10;19.4;21.21;
27.1;27.2;28.3;29/30.7;
30.1;33.18;33.32;33.41;
33.43;33.44;42.2;43.2;
43.14;43.21;43.24;45.3;
46.5;47.2;47.3;48.3;
48.14;48.18;48.33;52.19

אנו מוצאים

3.21;10.31;12.30

מצינו

15.14;18.2;26.1;33.39;
44.14

נמצאת אומ׳

14.14;33.51;47.4

נמצאת למד

33.41;43.21;43.22;47.9

במקום אחר (אחד) כת׳

33.46;49.9;49.12

בשני מקומות כתוב

41.15;41.16

משל, נמשלו, נמשלת

10.9;10.10;10.11;10.12;
11.3;11.5;11.20;11.21;
12.12;14.18;15/1.1;
26.26;37.9;28.13;
29/30.9;29/30.13;31.23;
50.13;51.27;52.19

מתיב

21.22

בנוהג שבעולם

2.4;16.5;18.2;20.3;21.11;
21.24;23.6;29/30.26;
48.8;49.3;49.16;53.3

סוף דבר

9.4

סמך

Index

33.30

סמוכים

25.18

מסמכינן

22.12

על אחת כמה וכמה

5.30;10.35;10.36;12.18;
14.31;15.2;17.3;17.5;
21.9;21.11;23.12;
29/30.10;44.14;44.23;
51.5

עניין

2.3

כעניין

12.4;12.26;13.3;28.15;
40.21;40.42;49.13

מה עניין זה אצל זה

48.32

מה כת' למעלה מן העניין

12.23;31.26;35.5;42.6;
43.31;49.14

ממה שכת' בעניין

52.1

ממה שקראו בעניין

7.1;9.3;10.2;10.37;12.2;

14.7;29/1.1;33.3;39.2;
40.3;40.44;43.3;45.2;
47.4;48.3;49.2

פליג(ין)

15.40;23.7;23.29

פליג לא אלא

22.4

פרש

6.8;14.34;14.36

מפרש

44.13;44.15

פתח

1.2;2.4;3.3;4.4;5.5;
5.35;6.2;8.2;8.13;9.4;10.3;
10.15;10.22;10.23;10.27;
11.3;12.3;12.5;12.6;
12.22;12.24;13.3;13.10;
14.8;15.7;15.12;15.40;
17.1;17.2;19.3;20.18;
21.33;25.3;25.11;25.18;
29/1.2;31.2;31.22;33.4;
33.9;33.19;33.21;33.41;
33.59;39.3;40.4;40.12;
41.3;41.7;42.3;42.4;43.4;
44.3;47.5;47.20;48.4;
49.3;49.7;49.22;51.1;
51.22

פתר קריא

29/30.8;51.20;52.14;
52.15

[צריך]

צריך לומר

Index

13.1;18.2;29/30.1;52.7;
52.15;52.19;52.23

אין (כן,לא) היה צריך לומר

6.8;7.9;7.13;14.13;23.7;
29/1.1;41.7

צריכא

22.19

מן קבלה את למד

14.28

נאמרה בקבלה

48.4

קיים (מקיים)

5.11;17.11;18.18;22.2;
22.10;48.33

קל וחומר

5.2;16.4;22.2;23.12

קרא סופו של פסוק

3.12

קראתי על(יו)... (פסוק)

16.11;23/24.16;29/30.32;48.37;
51.4

ממה שקראו בנביא

6.1;44.2;44.3

ראה (מה ...)

3.10;3.14;3.36;5.13;25.4

ראוי למקרא הזה לומר

20.10

לא ראשו סופו ולא סופו ראשו

51.20

הראשון וודאי ... השני למה

25.14

**רבותינו אמרין (אמרו, אומרים)
אמרו ר'**

6.16;8.18;10.34;12.21;
12.26;14.2;19.3;21.23;
31.26;33.13;40.31;43.14;
43.17;43.22;48.31;49.11

רבותינו דורשים

12.27

בשם רבותינו

14.1

רבנן אמרין

14.24;14.32;15.18;15.37;
15.45;16.6;16.8;16.15;
17.8;17.24;18.2;;18.13;
18.14;21.6;21.12;21.19;
21.20;22.4;23/24.7;
29/30.6;43.28;48.39;
52.12

ורבנן

Index

16.6

רמז

5.10;5.39;5.40;6.3;7.8;
15.6;21.55;47.24;52.19;
52.25

שאל

24.7;49.1

שאלני

16.11

שאלו

21.61

שאילות שנשאלו

46.5

שיטא

22.4;48.6

השלים בנביא

הנביא השלים

11.2;13.2;41.2

[שמע]

אני לא שמעתי אותה מאבי

11.17

שמעין מיניה

21.16

שמענו

14.27;14.39

כמשמע

21.43

שנה

31.1;42.9

שנו חכמים

10.1;11.1;25.1;52.1

שנו רבותינו

2.1;5.1;5.9;5.28;7.1;8.1;
9.3;10.1;19.1;25.1;33.1;
33.49;38.1;39.1;39.4;
42.1;43.10;44.1;45.1;
48.1;49.1

תלמוד לומר

3.1;3.5;3.7;11.26;17.9;
21.52;22.5;22.7;22.13;
23.1;28.7;34.8;35.5;
42.19;43.4;43.5;50.10;
51.26

תלמוד למדונו (רבותינו)

4.1;6.1;8.1

(ואתה) תמיה

3.11;6.14;6.16

אתמהא

41.14;45.4

Index

Personal Names, Names of Biblical Figures, Angels, and Historical Figures

תלמידי חכמים

14.34;15.37;23.29;51.7;
51.8;51.12

אביה

15/1.5;15.44;43.28

תני, תנא

14.38;15.8;15.49;16.5;
16.7;16.10;17.8;17.12;
21.1;21.31;22.19;23.13;
23.14;23/24.4;23/24.5;
23/24.10;51.2;51.6;51.7

אביהו

5.28

הא תני

14.43

אבימלך

5.21;33.21;33.22;42.8;
42.10;42.12;42.13;42.19

תניא

50.6

אביקה בן גבותיי

29/30.31

דתנינן

14.34

אברהם

1.8;3.10;3.11;3.12;3.13;
3.14;3.15;3.21;4.8;5.22;
6.10;6.11;6.12;7.3;8.10;
10.28;11.18;11.19;11.20;
11.25;12.2;12.3;12.6;
12.7;12.8;14.8;14.23;
15/1.4;15.3;15.4;15.5;
15.17;15.28;15.44;16.10;
18.6;18.11;20.7;21.30;
21.32;23.28;25.13;25.14;
27/28.4;27/28.7;29/30.7;
30.3;30.6;31.6;31.20;
32.6;33.9;33.10;33.21;
33.37;38.2;39.3;39.5;
40.5;40.20;40.31;40.32;
40.34;40.36;40.37;40.39;
40.40;40.41;40.42;41.17;
42.4;42.5;42.7;42.8;42.9;
42.10;42.12;42.13;42.19;
42.20;42.23;43.2;32.6;
43.11;43.12;43.13;43.21;
43.24;47.11;47.22;47.23;
48.12;48.34;49.10;49.11;
50.15;51.10;51.11;52.9;
53.7

תנו רבנן

20.11;36.9;50.18

מתני

22.12

תמן תנינן

14.40;14.43;18.14;52.17

דתנינן תמן

16.10;18.3;51.25;52.17

Index

אחיתופל

11.8;32.1

אחשורוש

2.2;5.24;13.9;15.43

איוב

12.3;17.16;17.17;24.3;
26.5;26.25;29/30.11;
33.4;33.6;38.2;47.11;
47.12;47.13;47.14

איתמר

47.4

אליהו

4.1;4.3;4.4;4.5;4.8;4.9;
11.8;11.21;15.35;29/2.2;
32.8;33.40;35.8;44.7;
48.5;51.7;52.13

אלימלך

17.18

אלישע

11.8;29/30.8

אלישע בן שפט

29/1.4;5.17

אלכסנדרוס מוקדון

14.45

אבשלום

21.37

אגג

11.11;12.27;13.16

אדריינוס

21.2

אהרון

5.27;5.28;7.12;12.19;
13.12;14.37;14.38;14.39;
15.6;15.8;15.11;15.28;
15.29;18.7;20.18;26.4;
33.9;33.11;33.12;43.14;
43.16;43.27;43.28;46.9;
47.1;47.3;47.4;47.8;
47.10;47.16;47.17;47.22;
47.24;47.25;47.27

אוריאל

46.8

אוריה

11.11;11.12

אחז

15/1.5;15.44

אחאב

6.7;6.8;21.37

אחזיה

15/1.5

Index

אלעזר

7.4

אלעזר הכהן

14.46;14.47

אליעזר

14.43;15.31;16.10;18.6; 47.4

אלקנה (בן ירוחם בן אליהו)

25.43;43.29

אמציה

15/1.5;15.44

אמון

15/1.5;15.44

אמרפל

33.21

אנוש

5.21

אנטונינוס

23.28

אסא

15/1.5;15.44;51.19

אסנת

3.31

אסף

29/30.15;31.7;31.8;39.2; 39.7;43.26

אספיינוס

30.8

אסתר

13.1;15.43;15.55;18.10; 18.19;51.23

אפוסטמוס

26.16

אפרים

3.2;3.3;3.22;3.23;3.24; 3.25;3.28;3.29;3.32;3.33; 3.34;3.35;3.36;5.16; 10.14;12.30;13.1;13.2; 13.3;13.5;13.6;13.7;13.8; 13.9;13.10;13.10;13.14; 13.15;13.17;46.8;46.9; 46.10

אפרים (משיח)

36.3;36.6;37.2;37.3;37.4; 37.5;37.8

אשר

46.10

בארי

50.12;50.13

Index

בר תמליון

22.15

ברק

18.8

בת שבע

6.11

בתייה

17.14

גבריאל

15.9;15.50;21.10;21.25;
21.28;35.5;35.6;46.8;
46.9

גד

11.13;11.15;11.17;
27/28.6;46.10

גד הנביא

43.6

גדעון

18.13

גדעון בן יואש

3.35

גוג

23.2;31.22;37.6;51.26

בועז

15/1.4;15.44;29/30.1

בלהה

12.28

בליעל

25.9

בלעם

11.2;20.1;39.3;41.10;
41.12;48.12;53.1

בלשזר

49.2

בן דוד

36.6;38.2

בן ישי

32.1

בן כוזבא

30.8

בנימין

3.22;3.25;7.10;11.13;
11.14;12.30;13.2;13.4;
13.9;26.9;26.10;46.10

בצלאל

5.18;6.19

Index

גינבא

21.37

גליצור

20.16

דבורה

12.10;18.8

דואג

11.8;3.21

דואג האדומי

12.19

דוד

2.7;2.9;2.10;6.6;6.8;
6.18;6.19;8.4;8.14;8.15;
8.16;8.17;8.18;8.19;9.1;
9.3;9.4;9.5;9.6;9.8;
10.27;10.30;10.37;11.2;
11.12;11.13;11.16;11.17;
11.26;12.8;12.19;12.22;
13.16;14.24;15/1.4;15.7;
15.9;15.44;17.1;17.5;
17.6;19.4;19.5;21.36;
22.6;25.6;27.1;27.4;
29/1.8;30.9;31.7;31.22;
31.23;33.9;33.33;36.1;
36.6;40.4;40.9;40.13;
40.18;40.29;41.8;41.12;
43.5;43.6;44.21;45.1;
45.2;45.3;45.4;46.9;47.6;
47.18;48.13;48.17;49.1;
49.3;49.4;50.2;50.3;
51.15;51.19;51.22;52.3

דומה

23.26

דמא בן נתינה

23/24.14

דן

6.19;11.13;12.28;
27/28.6;46.8;46.10

דניאל

6.4;11.8;11.21;15.34;
21.12;31.17;33.50;52.3

הגר

48.12

הדרניאל

20.12;20.13

הושע

11.18;29/30.17;30.2;
44.4;44.7;44.9;44.11;
44.17;44.19;44.21;44.23;
50.12;50.13

הושע בן בארי

33.43

המן

12.24;13.1;13.9;13.15;
15.53;15.54;18.10;18.15;
19.3;33.24

זבולון

46.10

זימרי

Index

טורנוסרופוס

23.23

יאזניהו בן שפן

33.66

יאשיה

15/1.5;15.44

יהוא בן מנשה

3.35

יהודה

6.19;7.5;7.9;7.10;10.35;
10.36;10.37;11.1;11.10;
11.11;11.14;11.17;11.18;
11.26;12.17;15/1.4;
14.44;33.59;46.8;46.9;

יהויכין

6.4

יהושע (נב נון)

3.32;3.35;7.4;12.11;
12.12;12.13;12.17;12.28;
12.30;13.2;13.5;15.31;
15.32;18.10;22.6;51.7;
52.13;52.14

יהושפט

15/1.5;15.44

יואב

10.37;11.2;11.12;11.13;
11.14;21.37

21.37

זכריה

8.9;29/30.14;29/30.23;
33.13;42.12

זלפה

12.28

חגי

29/30.14;29/30.22;35.2

חזקיה

15/1.5;16.12;18.9;21.41;21.43;
51.19

חנה

43.1;43.3;43.7;43.8;43.9;
43.11;43.19;43.20;43.22;
43.32;43.26;43.27;43.29;
43.30;43.31;43.33;46.1

חנניה

26.9

חנניה וחבריו

6.4

חנניה מישאל ועזריה

14.48;19.4;35.5

חצרון

15/1.4;15.44

Index

יואל

43.28

יואל (הנביא)

29/30.18;41.11

יובל

25.8;26.13

יוכבד

43.14;43.15

יונה

22.13;42.1

יונתן (הסופר)

26.11;26.12;26.13;26.14

יוסף

3.16;3.18;3.19;3.21;3.23;
3.24;3.25;3.27;3.28;3.31;
3.32;3.33;6.2;7.5;10.35;
11.11;12.13;12.14;12.15;
12.16;12.28;12.29;13.4;
13.5;13.6;13.7;14.23;
22.10;29/30.9;29/30.15;
30.9;42.23;50.11;50.12;
51.10

יורם

15/1.5;15.44;40.42

יותם

15/1.5

יחזקאל

1.5;7.14;18.4;21.17;
27.4;29/30.14;31.4;31.5;
33.53;44.14

יחיאל

4.5

יכניה

26.7;47.2

יעקב

1.2;1.9;3.2;3.16;3.17;
3.18;3.21;3.22;3.23;3.28;
3.32;3.33;3.34;4.3;5.22;
7.11;8.10;10.12;10.28;
10.37;11.2;11.19;11.20;
11.22;12.8;12.9;12.15;
12.17;13.3;13.4;13.5;
13.6;13.8;15/1.4;15.28;
15.44;15.46;15.48;16.10;
17.3;22.4;23.28;23/24.17;
25.13;25.14;26.2;27.1;
27.3;27.8;29/1.8;29/30.9;
30.3;30.6;31.20;33.21;33.22;
33.24;33.36;39.2;39.3;39.4;
39.5;39.6;39.7;40.5;
40.30;41.13;41.17;41.18;
42.16;43.5;46.4;47.11;
47.23;48.13;48.17;48.35;
51.10;

יפת

35.2

יצחק

4.8;5.22;6.10;8.10;
10.28;11.19;11.25;12.7;12.19;
12.28;15/1.4;15.43;
25.13;25.14;27/28.4;

Index

29/30.9;30.3;30.6;31.6;
31.20;33.21;33.22;33.36;
33.37;39.3;39.5;40.3;
40.5;40.10;40.20;40.26;
40.32;40.34;40.36;40.40;
40.41;40.42;41.17;42.16;
42.20;43.11;43.21;47.11;
47.15;47.23;48.12;48.34;
48.35;51.10;

ירבעם (בן נבט)

1.10;12;3.28;3.29;3.30;
3.35;6.7;6.8;21.37;46.9;
46.10

ירמיה

12.22;14.9;14.47;26.1;
26.2;26.4;26.5;26.6;26.8;
26.9;26.10;26.11;26.12;
26.13;26.14;26.15;26.18;
26.23;26.24;26.25;27.3;
27.9;27/28.1;27/28.2;
28.1;28.12;29/1.1;29/2.2;
29/30.27;29/30.34;
29/30.35;30.1;31.7;31.8;
31.9;31.10;31.13;33.42;
33.43;31.7;31.8;31.9;
31.10;31.13;33.42;33.42;
33.43;37.1;37.2;39.6;
40.17;41.11;44.12;44.13

ישי

15/1.4;15.44

ישמעאל

27.2;29/30.9;39.3;48.12

ישעיה

1.16;4.10;4.11;11.8;
18.9;29/30.8;29/30.14;
29/30.27;29/30.28;
29/30.29;29/30.30;
29/30.34;29/30.35;32.4;

33.9;33.13;33.17;33.18;
33.30;33.53;34.1;34.2;
40.24;41.11;;44.11;
44.15;44.17;50.1.50.3

ישעיה בן אמוץ

18.9

יששכר

46.9;46.10

יתרו

4.5;5.11;6.3;35.7

כורש

15.34;35.2

כלב

18.10

כליון

17.18

לאה

12.29;13.8

לבן

3.18

לוט

3.10;3.11;3.13;3.14;21.5;
42.7;49.10

לוי

Index

מנשה

6.7;15/1.5;15.44;15.21

מנשה (מנשה ואפרים)

3.2;3.22;3.23;3.24;3.27;
3.28;3.32;3.34;3.35;3.36;
4.10;4.11;27/28.6;46.10;
47.22;47.27;52.14

מעשיהו

26.8

מקושש

21.37

מקלל

21.37;21.39

מרדכי

13.1;15.55;18.10;
18.15;19.3;51.23

מרים

15.29;43.14;43.16

מרים בת נקדימון

29/30.32

מרים בת תנחום

43.17;43.18

משה

3.5;4.4;4.5;4.6;4.7;4.8;

5.22;7.12;8.10;
11.4;11.14;11.15;12.17;
14.38;21.17;46.9

מגוג

37.6

מונבז

25.5

מחלון

17.18

מיכאל

15.9;15.50;21.10;
21.25;21.28;30.10;
40.38;44.22;46.8

מיכה

29/1.8;29/30.8;29/30.14;
33.13

מיכל בת כושי

22.13

מלאכי

29/30.14;29/30.24;41.11

מלכי צדק

15.36

מלכיה

26.13

Index

נבוזר אדן

26.20

נבות

25.9

נדב

5.28

נח

5.11;43.6

נחום

29/30.20

נחשון (בן עמינדב)

7.5;7.10

נחשון

15/1.4;15.44

נמרוד

18.6

נעמי

17.18

נפתלי

9.1

נתן

4.9;5.2;5.3;5.8;5.10;
5.11;5.18;5.22;5.23;
5.24;5.26;5.27;5.28;
5.29;5.30;5.31;5.32;
5.33;5.34;5.35;5.36;
5.37;5.38;5.39;5.40;
5.41;6.10;6.11;7.1;7.4;
7.11;7.12;8.10;9.7;9.8;
10.10;10.14;10.16;10.17;
10.18;10.19;10.21;10.26;
10.29;10.30;10.31;10.32;
10.34;10.38;10.39;11.4;
11.8;11.12;11.14;11.17;
11.24;11.25;12.2;12.11;
12.12;12.13;12.17;12.18;
12.19;13.5;14.11;14.15;
14.23;14.30;14.36;14.37;
14.38;14.39;14.41;14.42;
15.6;15.8;15.9;15.10;
15.11;15.14;15.17;15.18;
15.19;15.28;15.29;15.30;
15.40;15.19;15.50;15.51;
16.4;16.14;16.15;16.21;
16.22;17.3;17.8;17.13;
17.14;18.2;18.5;18.7;
18.10;19.1;19.2;20.11;
20.14;20.17;20.18;21.15;
21.16;21.33;22.4;23.25;
25.11;25.14;25.17;26.4;
27.1;29/1.8;31.10;33.12;
40.3;40.10;40.17;41.10;
41.13;41.14;42.4;43.16;
43.27;43.28;46.9;47.1;
47.4;47.8;47.11;47.16;
47.19;47.20;47.26;48.14;
48.22;48.23;49.9;49.20;
49.24;49.22;50.6;50.12;
51.5;51.7;51.13;51.23;
52.13;52.14

מתניהו

26.7

נבוכד נצר

4.10;11.9;15.33;15.54;
19.4;26.7;26.8;26.16;
26.20;27/28.4;28.8;28.9;
28.11;29/1.9;29/30.26;
31.11;35.5;35.6;36.6;52.2

אמר

Index

6.6

סיסרא
18.7;23.2

סנדלפון
20.13;20.14

סנחריב
18.9;23.2;31.11;35.6;
49.2;52.2

עובדיה
29/30.19

עוזיה
15/1.5;33.43

עזאל
34.7

עזור
26.9

עזרא (הסופר)
15/1.5;15.33;44.21

עכן
21.37

עמינדב
15/1.4;12.44

עמוס
29/30.14;29/30.19;44.12

עמלק
7.4;8.18;9.8;12.1;12.2;
12.4;12.5;12.10;12.11;
12.12;12.13;12.16;12.19;
12.20;12.21;12.23;12.24;
12.25;12.26;12.28;12.30;
13.1;13.2;13.3;13.7;13.8;
13.9;13.12;13.14;13.15;
13.17;43.25

עמרם
8.10;43.16

עפרון
1.8

עקילס הגר
23.10

עשו
1.9;12.6;12.8;12.13;
12.14;12.15;12.16;12.17;
12.28;12.29;13.8;13.6;
15.48;12.54;16.10;21.4;
23/24.17;33.22;33.24;
47.15;51.1

פוטיפר
6.2

פוטיפרע
13.14;12.28

Index

פנינה

43.22;43.27;43.30;43.31

פרץ

15/1.4;15.44;43.29

פשחור

1.11;26.13

צדקיה

6.4;11.5;12.2;15/1.5;
15.44;26.7;26.8;26.12;
26.13;26.14;16.16;26.20;
26.21;27/28.1;27/28.3;
27/28.4

צדקיהו בן כנענית

28.5;33.13

ציפורה

26.14

צפניהו

26.8;29/30.14;29/30.21

קהת

5.22;8.10

קטורה

39.9

קין

5.20;47.2;50.14

קיש בן אביאל

3.25

קמואל המלאך

20.11;

קרח

7.8;31.7;31.9

ראובן

3.16;3.22;3.28;7.11;7.12;
12.7;27/28.6;42.14;46.8;
46.10;50.11;50.12

רבקה

11.17;12.8;12.10;12.28;
15.55;16.10;23/24.17;
43.21;43.22;43.29;51.11

רחבעם

6.8;15/1.5;15.44

רות

16.11;29/30.3;40.12;
49.4;50.9

רחל

3.25;3.27;12.10;12.13;
12.15;12.29;13.2;13.8;
42.20;43.29;51.11

רם

15/1.4;15.44

Index

שמעון

3.22;3.28;7.12;46.10

שמעי בן גרה

30.9

שרה

6.10;12.10;31.6;32.6;
38.2;42.1;42.2;42.3;42.4;
42.5;42.6;42.7;42.8;42.9;
42.10;42.13;42.14;42.17;
42.18;42.19;42.20;42.21;
42.23;42.25;43.2;43.11;
43.13;43.14;43.21;43.24;
43.25;43.29;48.12;50.15;
51.11;52.9

ששבצר

6.4

תגלת פלאסר

34.33;50.12

רפאל

46.8;46.9

שאול

3.2;8.16;8.17;9.6;10.37;
11.11;11.15;1.30;13.2;
13.16;13.17;15.7;15.10;
26.14;48.13;48;17;48.1;
48.17;48.34

שלמה

2.9;3.3;6.5;6.6;6.7;6.8;
6.11;6.12;6.15;6.16;6.18;
7.2;9.8;10.1;10.3;10.37;
11.2;11.3;11.26;12.1;
14.16;14.18;14.19;14.20;
14.21;14.25;14.26;
15/1.4;15.9;15.44;16.8;
18.1;18.2;20.1;20.10;
21.20;26.19;27.3;
29/30.2;35.1;35.3;35.4;
42.3;48.1;48.4;50.11;
51.19;52.3;52.20;52.24;
53.1

שלמיהו

26.8;26.9;26.10

שלמן

15/1.4;15.44

שם

35.2

שמואל

8.15;9.8;11.11;12.27;
13.17;14.39;35.8;43.22;
43.27;43.28;44.15

Rabbinic Authorities

אבא

5.6;5.24;9.2;12.10;
33.47;43.1;45.1;
51.14

אבא בר אחא

17.11

אבא בן זמינה

Index

1.13

אבא בר יודן

1.8;15.6;21.27

אבא בן יוסף

21.19

אבא בר כהנא

5.8;7.2;10.15;12.20;
12.27;15.8;15.39;16.13;
16.17;17.16;21.18;21.34;
22.18;23/24.4;23/24.5;
24.1;29/30.16;32.5;32.7;
32.8;33.45;40.2;51.1;
51.5;52.8;52.17;
52.25

אבא בר ממל

5.28

אבא בר פפי

24.1

אבא דעכו

42.2

אבא הושעיא איש טריא

51.4

ר׳ אבא סרונגיא (סרונגלא)

3.7

אבא שאול

14.43;49.1

אבדימי דחיפה

21.17

אביי

15.37

אבהו

1.19;5.33;12.7;12.10;
12.16;12.18;13.13;14.35;
15.12;15.53;15.55;18.13;
21.9;21.10;21.15;21.54;
22.6;22.11;22.12;22.13;
23.4;23.14;23.18;
23/24.7;23/24.14;31.15;
31.17;33.46;33.55;41.1;
49.12;51.18

אבהו בר חמא

49.31

אבין (אבון)

1.17;5.26;10.23;11.5;
14.26;14.43;15.37;15.42;
16.18;17.2;17.14;18.3;
18.11;21.34;21.36;21.41;
23/24.14;29/30.2;
29/30.12;51.26;52.17;
52.18;52.20;52.24

אבין הלוי

52.1

אבון הלוי ביר׳

11.16;33.2;49.7;49.22

אבין בן חסדא

Index

10.4;23.14

אחא

3.9;3.20;5.10;8.1;8.2;
8.7;9.1;9.6;12.19;13.14;
14.15;14.23;14.42;14.43;
15.6;15.45;15.50;15.51;
16.15;17.2;17.15;18.2;
21.8;21.56;21.59;23.7;
23/24.4;23/24.6;25.15;
31.2;41.12;41.14;43.1;
43.23;45.1;48.37;49.10;
51.21;51.24;52.12;52.17

אחא בר אדא

29/30.14

אחא בר כהנא

17.24

אחא בר אבא?

28.9

אחניא

49.11

אידי

10.6;15.5

אייבו

12.5;14.44;15.8;15.9;
23.3;23.4;23.5;23.8;
33.48

אילעא

52.1

אלכסנדרוס (אלכסנדרי)

12.20;40.14;40.12;41.18;
51.20;52.19;52.23

אלעזר (אליעזר, ליעזר)

1.15;1.18;1.20;3.16;
5.12;5.38;6.14;7.12;
14.1;14.8;14.38;14.42;
14.43;17.21;18.4;21.21;
21.59;22.9;23.2;23.8;
23.10;23.14;23/24.14;
24.7;25.10;31.14;31.20;
33.5;33.46;40.18;42.5;
42.6;42.9;42.13;51.12;
48.36;49.11;50.8;50.11;
50.24;50.26;52.8;52.13

אליעזר הגדול

35.6

אלעזר המודעי

21.22

אלעזר הקפר

1.9;25.8

אלעזר בר אבינא

21.56

אלעזר בן יונתן

31.7

אלעזר בר יוסי

14.38;15.51;17.15;23.15

אליעזר בנו של ר׳

Index

יוסי הגלילי
15.10;10.24;17.15;19.3

אליעזר בר יעקב
11.18;12.19;15.20;33.1

אליעזר בר יצחק
16.10

אלעזר בר מנחם
17.5;49.3

(א)לעזר בן עזריה
21.22;23.1

אלעזר בן פדת
1.9;1.14;3.14;5.11;8.18;
43.24

אלעצר בר שמעון
48.32;51.4;51.21

אמא
3.29

אמי
1.10;21.26;40.11

אסא
33.59

אסא בר אחא?

17.11

אסי
2.1;43.1

ביבי
15.30;22.7;23.8

בית הלל
48.33

בי(ת) ר׳ יונה
15.38;23.7

בי ר׳ ישמעאל
23.14

בית ר׳ שילה
2.9

בית שמאי
16.19;48.33

בן מרייה
40.44

בן קירה
1.14

בנייה
40.42

Index

בנימין בר יפת

17.8;49.11

בנימין בר לוי

18.1

ברוקיא

1.14

ברכיה (הכהן ברבי)

1.10;1.11;1.18;3.5;3.8;
3.34;5.37;6.16;7.9;7.13;
8.7;8.17;12.18;12.55;
13.13;14.38;14.46;15.1;
15.2;15.4;15.12;15.23;
15.26;15.41;15.42;15.43;
15.50;15.53;15.54;15.55;
16.8;17.3;17.19;18.5;
19.3;19.4;21.16;21.29;
21.59;21.60;23.8;23.29;
29/30.13;29/30.26;31.21;
33.50;39.7;40.26;40.38;
40.42;41.4;42.11;43.14;
45.5;47.20;47.23;47.24;
49.20;51.1;51.14;52.25

ברכיה ביר' אבא?

12.18

ברכיה בר שלום

7.5

בר חוסא?

21.57

בר נזירא

23.16

בר קפרא

14.26;16.12;18.6;21.52;
21.53

דוסא הגדול

1.18

דוסתא מכוכבא

16.11

הונא (חונא)

6.16;7.12;10.6;12.22;
14.41;15.20;16.14;16.16;
16.23;17.15;17.16;18.2;
21.8;21.26;21.56;23.18;
24.9;25.13;41.9;41.15;
52.9;52.25

הונא בר חייא

23/24.7;23/24.9

הונא בר יצחק

40.10

הונא הכהן בר אבון (אבין)

1.13;5.10;33.47

הונא בר נתן דציפורין

33.45

הונא בן לוי

42.16

הושיעה (אושעיא)

Index

15.46;23.27;31.22;52.17;
52.18

הלל הגדול

23.4;33.29

זבדי בן לוי

6.11

זכאי (זכיי) דשאב

14.33;21.14;

זכיר׳ (זכיי׳) טבחא

13.1

זכריה

17.21

זעירה

15.2;22.5;23.7;23.14;
23/24.13;52.6

חברייא

15.1

חגי

14.27;14.28;15.24;16.3;
22.14;22.14;22.16;23.29;
33.28;52.18

חונייה (חוניא)

22.14;23/24.17

חזקיה

22.13;23/24.15

חזקיה בר חייא

5.12

חייא

5.10;9.2;12.1;15.50;
16.5;15.53;18.4;
21.8;21.45;21.49;
23/24.4;23/24.10;
31.1;33.28;47.1;47.2;
47.5;51.1;52.1

חייא הגדול

2.6;5.11;11.17;31.1;
40.27;41.1

חייא בר אבא

1.20;3.10;5.24;14.45;
15.7;15.10;15.14;15.36;
15.45;16.5;21.13;21.21;
22.9;27.8;23.29;51.3

חייא בר אבין

48.25

**חייא בר יוסי
(חייא בן יוסף)**

5.4;21.21

חייא בר רב

52.17

חייה בר אחא דיפו

15.52

Index

31.16;40.11	חייא בן אחותו של ר׳ אלעזר
	26.8
חמא בר גורייא	**חכמים**
52.9	3.3;3.5;3.6;3.9;10.1;
	11.1;14.1;22.13;40.27;
חמא בר חנינא	52.1
1.13;6.19;14.31;15.12;	**חלבו**
15.26;15.43;17.16;17.21;	1.10;1.13;2.9;15.52;
18.14;33.38;52.15	47.23;49.10
חמא בר יוסי	**חלבו (חלפו) בר זכר**
2.6	31.20
חמא בר עוקבא	**חלפיי**
18.11	29/30.6
חמא בר פפא	**חילפי דרומייה**
47.11	33.60
חנין	**חלפתא**
7.12;15.9;16.17;	18.2
חנין בר לוי	**חלפתא בר קירויה**
21.16;42.16	28.10
חנינה (חנינא, חננא)	**חלקיה**
1.8;1.9;6.10;6.19;7.12;	15.46;33.17;33.43;43.13;
10.2;12.26;14.43;15.2;	52.10
15.24;21.15;21.30;	
22.10;23.8;23.14;24.7;	
31.16;40.5;43.1;52.12;	
52.17	**חמא**
חנינא בר אדא	3.29;12.21;17.16;23.7;
5.15	

Index

חנינא בן דוסא

23.7

חנינא בן יודן

52.20

חנינא בר יצחק

4.11

חנינא (חננא) בר פפא

4.11;15.3;15.5;15.6;
16.15;21.15;29/30.13;
35.17;41.3;47.11;49.1

חנינא בן שלום

12.23

חנינא חבריהון דרבנן

23/24.11

חנניא בן אחי ר' יהושע

21.60

חנניה בר ישמעאל

47.27

חנן

23.5;42.14

חנן החבר

41.14

חנן בר פזי

15.41

טרפון

23/24.12;23/24.13;25.6

יאשיה

2.5;47.27;48.37

יהודה

3.29;3.33;6.2;6.3;12.9;
12.22;12.26;12.28;13.12;
15.24;15.25;16.8;18.11;
21.1;21.31;21.41;21.43;
33.46;42.14;43.28;48.6;
52.6

יהודה ברבי אילעאי

1.11;12.30;14.34;42.1

יהודה בן בתירה

23/24.17

יודה בר דודתאי

23/24.10

יהודה בר זבידא

16.8;43.15

יהודה בר חייא

47.1;47.2

יהודה בן חנינה

Index

25.6

יהודה בן לוי

47.1

יהודה בר מנשה

14.11;14.12

יהודה בן נחמן

15.7;15.11;40.2;40.18

יהודה (יודה, יודן) בר סימון

1.8;2.5;3.12;5.37;7.8;
7.12;11.17;12.30;14.30;
15.53;16.2;16.14;16.20;
16.21;18.11;21.20;21.22;
21.29;23.16;23/24.17;
24.4;25.13;25.14;
29/30.8;33.48;42.2;
42.14;43.8;43.9;
48.4;48.36;49.11;
52.15;52.25

יהודה בר סימא

7.8

יהודה בר פזי

5.1;17.14;17.15;21.53;
49.20

יהודה בר פליון

40.29

יהודה (הלוי) בר שלום

3.24;4.12;5.3;5.34;41.16;
42.5

יהודה (יודן) בר שמעון

15.41;22.3;22.4;33.23

יהודה בן תורתא

14.7

יהויקים

47.2

יהושע

1.19;4.1;6.7;12.18;15.43;
15.46;22.4;22.19;23.2;
52.13;52.14

יהושע בר אבין

17.16

יהושע בן חנניה

21.2;29/30.29

יהושע הכהן ביר' נחמיה

4.12;5.39;12.18;14.8;
17.10;29/30.11;40.10;
48.39

יהושע בן לוי

1.4;3.9;3.18;5.8;5.19;
5.29;6.7;8.18;11.14;
12.16;12.20;15.45;16.6;
16.7;18.5;18.11;18.13;
21.12;21.16;21.20;21.25;
21.27;21.33;22.3;22.4;
22.20;32.8;33.29;35.6;
40.14;40.29;40.33;42.2;
47.1;48.37;52.1;52.18;
52.19

Index

יהושע בן נחמן

15.41;17.10

יהושע בן קרחה

5.28;11.26;14.38

יהושע דסכנין

5.13;5.17;5.23;11.3;
11.26;11.23?;13.2;14.36;
14.40;15.16;21.7;21.33;
23.29;23/24.7;31.25;
47.4;51.27;52.16

יודן

7.9;14.30;14.38;14.39;
15.9;15.12;15.17;15.20;
15.42;16.3;16.14;17.12;
17.16;18.2;21.23;23.3;
23.4;23.6;49.12;51.15;
52.8;52.18

יודן ברבי

23/24.10

יודן נשיאה

21.24

יוחניא (יוחונא) בר בנייה

49.11

יוחנן

1.1;2.7;3.9;3.15;5.24;
5.34;7.8;9.1;9.2;10.6;
13.1;14.5;14.11;14.17;
14.29;14.35;15/1.1;15.1;
15.3;15.30;15.32;15.36;
15.37;15.40;15.47;15.50;

15.52;15.53;16.5;16.6;
16.21;17.8;17.9;18.11;
19.3;21.7;21.8;21.9;
21.10;21.11;21.15;21.18;
21.54;22.9;22.11;22.12;
22.19;23.7;23.18;23.28;
23/24.7;23/24.9;28.8;
29/1.3;29/30.5;29/30.8;
32.10;33.45;41.5;41.14;
42.8;43.26;49.11;51.3;
51.4;52.12;52.16

יוחנן בן זכאי

14.43;14.48;17.9;21.61;
22.9

יוחנן בן פזי

14.14

יוליאנא בן טברי (לוליאני בר טבריס)

7.1; 14.41

יונה

15.40;21.52;22.16;43.26

יונה ממצורא

10.22

יונתן

23/24.8;23/24.9;31.7;
33.42;50.9

יונתן דבית גברין

10.15;10.19;41.6

יוסטה

15.1

Index

יוסי

1.10;15.15;16.7;21.12;
22.16;23.6;23.15;25.13;
29/30.2;38.2;42.1;48.2;
33.59;52.17

יוסי בר אבא

43.1

יוסי בר אבין (אבון)

16.5;21.12;23/24.9;
23/24.15

יוסי בר אלעאי

15.48;25.14

יוסי בן זבידא

22.6

יוסי בן זמרה

3.14;43.24;49.11

יוסי בר חלפתא

1.12;18.15;21.21;22.3;
23.10;23.28;48.2

יוסי בר חנינא

5.11;5.12;5.3;12.10;
14.15;14.41;14.42;15.22;
15.24;15.25;15.45;17.19;
18.11;31.19;34.5;49.16

יוסי בן מנשיה

16.5

יוסי בן נהוראי

51.1

יוסי הגלילי

1.17;10.24;15.20

יוסף

6.16;33.47;52.9

ינאי

5.11;15.16;15.39;16.5;
18.2;21.15;22.7;22.9;
22.19;23/24.8;23/24.13;
34.7;40.27;48.27

ינאי בר שמעון בר יוחי

21.17

יעקב איש כפר נבורייא

14.26

יעקב ארמנייה

22.5

יעקב בר אבייא

18.11

יעקב בר אבין

22.14

יעקב בר אחא

23/24.9;43.1;52.17

Index

יעקב בן אבא

8.1

יעקב בן יוחי (יוסי)

10.1

יעקב בר אבינא

49.12

יעקב דכפר חנן

33.41;33.43;33.54

יצחק

1.4;2.4;4.11;7.1;10.12;
12.12;12.28;12.30;14.41;
15.11;15.24;15.25;15.29;
15.36;15.54;16.3;21.26;
22.9;23.2;23/24.6;24.6;
25.11;25.13;28.12;
29/30.5;32.9;35.2;36.8;
40.1;40.20;41.4;43.26;
47.25;48.17;48.21;51.22;
52.6;52.18;52.20;52.24

יצחק בר אליעזר

16.10

יצחק בר זעירא

16.10

יצחק בר חקולא

51.20

יצחק בן טבלאי

28.13

יצחק בר מריון

15.27

יצחק הכהן בר חמא

33.17

יצחק מגדליה

6.17

ירמיה

23.7;23.14;40.40

ישמעאל

15.8;23.6;23.21;
23/24.12;23/24.13

ישמעאל בר יעסי

23.6;23.21

יקום

21.41

לוי

1.5;1.20;3.24;5.16;5.17;
5.23;5.33;6.19;7.5;7.12;
10.9;10.13;10.15;11.3;
11.7;11.26;12.21;12.23;
13.2;14.5;14.19;14.31;
14.40;15.4;15.12;15.13;
15.16;15.23;15.26;15.33;
15.39;15.40;15.43;15.48;
17.3;17.16;17.21;18.2;
18.3;18.15;21.7;21.11;
21.13;21.25;21.33;21.52;
22.1;23.1;23.16;23.17;

Index

23.29;23/24.7;29/30.7;
31.16;31.20;31.25;32.6;
36.6;40.11;40.13;40.44;
41.4;41.7;42.11;43.13;
47.4;48.7;49.11;50.16;
51.27;52.3;52.7;52.12;
52.15;52.16

לוי בר אחא

32.5

לוי ברבי

32.5

לוי חתני דר׳ זכריה

17.21

לוי בר חנינא

49.19

לוי בר זכריה

17.19

לוי בן פרטא

7.8;24.4

מאיר

10.30;10.39;16.7;16.11;
16.21;18.3;22.19;23.8;
42.1;47.3;48.36;52.15

מישא בר בריה דר׳ יהושע בן לוי

24.6

מנא (מנה, מני)

14.35;14.36;17.2;22.6;
47.4;51.26;52.9;52.18

מנא (מני) דשאב

14.36;47.4;51.27

מנחמא (מנחם)

15.26;17.2;21.12;21.34;
21.36;22.5;22.6;23.8

מנחמא בר חייא הגדול

11.18

מנחם (מנחמא) בן יעקב

10.23;22.14

מרי יעקב

14.39

נהוראי

15.38

נוניא דקיסרין

17.1

נחום

20.17

נחום בר סימאי

15.53

נחוניא

5.14;23/24.17

Index

נחמיה

6.2;6.3;12.9;12.22;
12.26;12.28;13.12;15.16;
15.18;15.51;16.14;16.15;
17.2;18.11;21.32;33.46;
42.14;43.28;48.6;52.13

נחמן

3.30;15.48;17.2

נחמני בר אבא

43.31

נתן

1.9;3.4;17.12;23.14;
29/30.5;48.37

סימאי

1.15

סימון

4.1;5.8;5.14;5.29;5.37;
5.40;6.17;14.8;14.38;
15.2;15.6;15.46;16.1;
18.11;18.13;22.3;22.4;
22.13;22.15;22.16;
29/30.13;29/30.14;33.17;
52.10;52.14

עזריה

3.13;12.20;14.41;15.28;
15.31;15.35;21.20;22.4;
25.18;42.2;51.15;52.14

עזריה דכפר חטייה

16.17

עקיבא

1.17;1.20;2.7;14.41;
19.1;21.15;23.23;24.7;
25.6;39.2;48.36;51.7

פנחס

1.7;15.46;17.5;18.2;
18.19;21.9;21.12;21.25;
23.20;23.27;23/24.1;
40.14;41.9;47.26;52.10;
52.24

פנחס בר אבון

15.9

פנחס (הכהן) בן חמא

1.3;1.6;3.20;14.1;31.22;
33.27;33.43;40.30;43.13;
49.3

פנחס בן יאיר

22.20

פנייה

40.42

צדוק

29/30.32

קריספא

15.47

ראובן

1.6;51.19

Index

רב

5.20;8.1;16.23;21.29;
23.22;34.7;52.9;52.19

רבא

52.1

ר׳ (רבי)

1.9;3.32;6.8;12.22;
12.24;13.10;15.45;16.11;
19.21;23.7;23.9;23.14;
23.22;49.12;51.6

רבינו הקדוש

44.21;46.5;51.7

רבנן (רבנין)

15.17;15.18;15.37;15.45;
16.6;16.8;16.14;16.15;
17.8;17.24;18.2;18.13;
18.14;21.6;21.12;21.19;
21.20;22.4;23.15;
23/24.7;23/24.9;
23/24.11;29/30.6;43.28;
48.39

רבותינו

10.22;11.13;12.24;13.5;
14.6;19.1;23/24.12;48.7

רבותי של דרום

23/30.16

שבתי

23/24.16;33.5

שילא איש כפר תמרתא

15.1;15.40

שמאי הזקן

23.4

שמואל

10.27;16.16;23.18;48.29;
52.17

שמואל קפודיקיא

14.26

שמואל מן הדרום

12.24

שמואל בר אמא

7.6

שמואל בר חייא

15.24;52.18

שמעון בן חלפתא

3.9

שמואל בר יצחק

7.12;14.46;15.56;16.8;
18.2;42.14;49.1

שמואל בר מני

51.21

Index

שמואל בן נחמן

3.16;5.14;8.18;10.33;
11.17;14.24;14.33;15.42;
15.50;15.56;18.14;21.14;
22.14;22.18;23.29;
23/24.9;24.9;33.15;
33.24;33.30;33.39;38.1;
40.28;43.10;43.14;49.1

שמואל בר תנחום

52.6

שמלאי

15.49;21.58;23.4;29/30.9

שמעון

5.29;11.10;15.9;23.13;
33.23;33.46

שמעון הצדיק

14.43;14.45

שמעון בן אבא

1.1;5.24;7.8;15.3

שמעון בן יהוצדק

14.17

שמעון בר יודה איש כפר אכוס

23.15

שמעון בן יוחי

2.7;3.13;5.20;7.1;14.29;
15.40;15.49;16.7;17.8;
21.16;21.31;21.33;21.34;
23.8;23/24.5;23/24.9;

23.24.10;33.45;40.30;
48.29;49.21;50.6

שמעון בן יוסינה

5.16

שמעון בן לקיש (ריש לקיש)

1.9;1.10;5.34;5.38;6.8;
7.3;11.17;12.2;14.5;
14.32;15.7;15.11;16.4;
16.5;18.6;18.11;18.12;
21.6;21.30;21.36;22.14;
22.19;23.1;23.3;23.5;
24.2;25.5;31.15;31.17;
33.57;35.5;40.2;40.18;
41.16;41.17;42.14;43.22;
45.6;48.22;48.24;48.27;
51.20

שמעון בן מנסיא

14.31

שמעון בר נחמני

50.9

שמעון בן פזי

15/1.3;37.2

שמעון בר שמעון

22.3

תחליפא בר קרויה

28.10

תלמידי חכמים

15.37

Index

תנחום דיפו

17.1

תנחום בר חוסא

21.60

תנחום בר חנילאי

12.3;21.14;21.20;21.60

תנחומא

1.2;15.26;15.29;15.30;
15.40;16.6;17.8;21.42;
23.4;23.8;25.3;25.11;
33.4;33.9;33.20;33.59;
33.71;47.17;49.3;49.7;
52.6

תנחומא בר אבא

2.4;3.3;5.5;7.2;10.3;
11.3;11.16;12.3;14.8;
31.2;39.3;40.4;41.3;
42.3;43.4;43.32;44.3;
47.20

תנחומא ביר׳

4.4;6.2;8.2;9.4;10.22;
10.23;10.27;12.5;12.6;

12.22;12.28;13.3;13.10;
19.3;25.3;25.11;29/1.2;
31.22;33.41;33.44;40.4;
41.18;48.4

תנחומא בר׳ חייא (הגדול)

11.18;22.6;47.5;52.11

תנחום בר יודן

14.38;23/24.17;52.25

Meshalim, Parables, and Ma'asim

אביקה

29/30.31

אגוז

11.3;11.4;11.5;11.6;11.7

אדם

18.2;31.5;31.6;32.10;
44.8

אדם הראשון

14.22;14.23;14.31

אדריינוס שאל

21.2;21.3;21.4

אוהבו של מלך

21.32;42.13

אוהל

28.2

אולם

28.2

אחד

13.14;22.15;22.16;22.17;
25.7;32.7;42.11

Index

איתתא

22.16;22.17

אמבטי

12.26

ארונות

22.10

אשה

24.1

ביזוני

30.8

בית

21.12

בן (מלך)

10.20;10.21;44.7;44.10;
44.14;44.19

בן פולטומין

7.8

בן שפחה

14.44

בעל הבית

10.9;10.10

בר נש

23/24.11;23/24.12;
23/24.13;23/24.14

בשר ודם

44.20

גוי

14.2;14.3;14.4;14.34;
16.11;23/24.15;48.2;48.3

גוי שאל

14.43

גיבור

21.21;21.27;31.23

הלך ללמד

25.15

זקן

10.26;10.32

חול

11.18;11.19;11.20;11.21;
11.22;11.23;11.24;14.18

חופה

10.8

חזקיה

16.12

Index

חיטים

10.12

חסיד

23.20;23.7

חתיכה

21.12

טורנוס

21.12

טורנוסרופוס

23.23;23.24;23.25

טרפון

23/24.12;25.6;52.11

יבשה

50.9

יהושע בן לוי

48.37

יוחנן

22.9

יוצר

24.4

ינא

23/24.8;23/24.9

ישראל

14.6;14.7

כלה

37.9

כדור של בנות

3.5

כרם

29/30.26

ליסטים

12.12

מדינה

49.16;49.17;49.18;49.19;
50.13;51.27;51.28;51.29;
51.30

מונבז המלך

25.5

מטרונה שאלה

18.15;22.3;23.10

מי

45.6

מַכָּה
למי שעלה לו מכה

33.34

Index

מלך

32.9;47.20

5.15;5.26;5.13;10.13;
10.26;10.32;11.12;11.25;
12.18;12.25;14.17;15/1.1;
15/1.2;15.43;15.45;16.17;
16.18;20.2;20.3;21.5;
21.10;21.23;21.27;21.31;
21.34;21.35;21.36;23.3;
23/24.4;29/30.13;30.4;
31.10;39.4;39.5;42.15;
42.16;44.19;52.19;52.23

עובר

16.5

מלך בשר ודם

5.5;5.33;20.8;21.24;
23.6;28.13

עושה עטרה

10.26

מלכי בשר ודם

8.2

עיר

14.19

מערה

5.23

עקילס

23.10

נגר

15.45

פועל

51.20

נודות

48.9

פילוסופס שאל

23.9

סגולה

11.26

פלטין

29/30.30

סוס

12.5

פרגמטוטין

52.15

פרה

14.1;14.2

ספינה

צייר

24.4

Index

קול

21.11

לרופא

15.45

רשעים

8.13

שיבולת של חיטים

10.11

לתלמידו של יוצר

24.4

Index

Corrigenda et Addenda

Corrigenda:	*recte:*
PesR 2 § 6 and 7 תהלים כמט ה	תהלים קמט ה
PesR 6 § 4 עסרא	עזרא
PesR 6 § 16 מלכים א׳ י ז	מלכים א׳ ו ז
PesR 8 § 6 צפניא	צפניה
PesR 10 § 34 כי בשש משה	כי בשש משה [שמות לב א]
PesR 14 § 39 במדבר יט ז	במדבר יט ב
PesR 15 § 31 שיר השירים י יב	שיר השירים ב יב
PesR 15 § 33 שיר השירים י יא	שיר השירים ב יא
PesR 18 § 3 JTS 8195, p. 120 יצרווהו	קצרווהו
PesR 17 § 10 Casanata and Dropsie	PesR 17 § 9
PesR 18 § 17 JTS 8195 p. 124 גברא	גברא {מ}
PesR 18 § 10 JTS 8195 p. 122 מציתים	מצינים
PesR 20 § 8 JTS 8195 p. 127 אותו	אותנו
PesR 21 § 42 שמות יד	שמות כ יד
PesR 21 § 45 JTS 8195, תגנוב	תגנובו
PesR 21 § 54 JTS 8195 כלשון	בלשון
PesR 23 § 9 עינוי ויקטע ידיו	עיניו ויקטע ידוי
PesR 24 § 2 JTS 8195 ואפילו	ואפילה
PesR 29/1 § 7 שלמים קרבנו	שלמים קרבנו [ויקרא ג א]
PesR 29/1 § 7 לא העבדתיך במנחה	לא העבדתיך במנחה [ישעיה מג כג]
PesR 48 § 37 לרומה	לרומם
PesR 49 נזם על אפך [שם]	נזם על אפך [יחזקאל טז יב]

Index

Title	Parma	Casanata	Dropsie	Fragments	MS JTS 8195
24 עשר דברים 10/9/8/7/6	X	X	X	-	X
31 ותאמר ציון	X	-	-	X (Vienna 3680)	X
32 עניה סוערה	X	-	-	X (Vienna 3680)	X
44 שובה ישראל	X	-	X	X (Vienna 180)	X